幼儿篮球指导师认证指南

主编 ◎ 叶 巍

YOU'ER LANQIU ZHIDAOSHI
RENZHENG ZHINAN

河海大学出版社
HOHAI UNIVERSITY PRESS
·南京·

图书在版编目（CIP）数据

幼儿篮球指导师认证指南 / 叶巍主编. —南京：河海大学出版社，2023.10
ISBN 978-7-5630-8490-6

Ⅰ.①幼… Ⅱ.①叶… Ⅲ.①篮球运动－学前教育－教学参考资料 Ⅳ.①G613.7

中国国家版本馆 CIP 数据核字（2023）第 198776 号

书　　名	幼儿篮球指导师认证指南
书　　号	ISBN 978-7-5630-8490-6
责任编辑	曾雪梅
特约校对	孙　婷
封面设计	徐娟娟
出版发行	河海大学出版社
地　　址	南京市西康路 1 号（邮编：210098）
电　　话	（025）83737852（总编室）　　（025）83722833（营销部） （025）83787103（编辑室）
经　　销	江苏省新华发行集团有限公司
排　　版	南京布克文化发展有限公司
印　　刷	南京工大印务有限公司
开　　本	787 毫米×1092 毫米　1/16
印　　张	9
字　　数	180 千字
版　　次	2023 年 10 月第 1 版
印　　次	2023 年 10 月第 1 次印刷
定　　价	56.00 元

《幼儿篮球指导师认证指南》编写委员会

主　编：叶　巍

副主编：闵彬彬　龚　园　王晓楠

参　编：梅茂荣　张冬梅　平朋刚　金　鹏
　　　　施通极　孙大海　孙泽安　还谷威
　　　　马池俊　王德琴　叶子言

南京市篮球运动协会审定委员会
　　　　戴　毅　金长庆　毛伟民　黄宁勇

前言

为打造幼儿篮球运动的教科研输出平台，建立幼儿篮球项目标准、评估体系，培养幼儿篮球指导师，建立师资培养与认证体系，全面推广幼儿篮球运动，使之成为幼儿体育运动的示范项目，由南京市篮球运动协会审定、南京市篮球运动协会幼儿篮球专项发展委员会编制的《幼儿篮球指导师认证指南》从三个级别在认定内容、认定方法、幼儿篮球活动的动作评估等方面制定了标准，为规范幼儿篮球活动、有序推进幼儿篮球活动的开展提供了依据。该书对于后续在园教师、学前教育专业学生、体育教育专业学生、幼儿体育从业者的培训及资质认定具有重大意义。

本书在南京师范大学幼儿体育与健康教育研究所的指导下编写，南京市篮球运动协会幼儿篮球专项发展委员会组织有关专家、学者等进行了研讨和编制工作。南京市篮球运动协会幼儿篮球专项发展委员会的顾问南京财经大学梅茂荣老师、专委会成员南京邮电大学张冬梅老师、南京财经大学平朋刚老师、东南大学金鹏老师参与了书稿的研讨、编制及统稿；河北沧州医学高等专科学校孙泽安老师，南京师范大学体育科学学院的研究生还谷威、马池俊、王德琴，苏州大学体育学院的研究生叶子言等参与了文献资料的收集和整理及部分章节的编写工作，对他们表示感谢。本书在编写过程中参考引用了一些文章、著作等，虽然尽量在参考文献中列出，但难免有疏漏，在此一并向这些文章、著作的作者表示感谢和歉意，并欢迎读者给我们提出意见和建议，以便在后续的研究中进行完善。

目录

第一章　绪论 ……………………………………………………………………… 001
　第一节　开展幼儿篮球活动的价值与意义 ……………………………………… 004
　第二节　幼儿篮球活动指导师的概念与角色 …………………………………… 007
　第三节　幼儿篮球活动指导师的分类 …………………………………………… 010

第二章　幼儿篮球发展的机遇与挑战 …………………………………………… 013
　第一节　小篮球（幼儿篮球）发展现状 ………………………………………… 014
　第二节　幼儿篮球发展机遇 ……………………………………………………… 018
　第三节　幼儿篮球发展挑战 ……………………………………………………… 022

第三章　幼儿身体发育特征与运动技能学习特点 ……………………………… 025
　第一节　不同阶段幼儿身体发育特征 …………………………………………… 026
　第二节　幼儿身体发育特点 ……………………………………………………… 028
　第三节　不同阶段幼儿体适能发展重点 ………………………………………… 033
　第四节　不同阶段幼儿运动技能学习的特点 …………………………………… 037
　第五节　不同阶段幼儿开展篮球运动的侧重与安排 …………………………… 040

第四章　幼儿篮球指导师不同阶段划分 ………………………………………… 042
　第一节　幼儿篮球指导师阶段划分的依据 ……………………………………… 043
　第二节　幼儿篮球游戏活动指导师 ……………………………………………… 046
　第三节　幼儿篮球教学活动指导师 ……………………………………………… 049

001

第四节　幼儿篮球运动训练指导师 …………………………………… 051

第五章　幼儿篮球活动开展的基本原则 …………………………………… 055
　　第一节　幼儿篮球游戏设计基本原则 …………………………………… 056
　　第二节　幼儿篮球教学活动基本原则 …………………………………… 061
　　第三节　幼儿篮球运动训练基本原则 …………………………………… 066

第六章　幼儿篮球游戏活动指导师 …………………………………… 068
　　第一节　幼儿篮球游戏活动指导师角色描述 …………………………………… 069
　　第二节　幼儿篮球游戏活动指导师专项理论与技能基础 …………………………………… 071
　　第三节　幼儿篮球游戏活动指导师的核心工作 …………………………………… 074
　　第四节　幼儿篮球游戏活动指导师工作评价与反馈 …………………………………… 077
　　第五节　幼儿篮球游戏活动指导师工作的延伸 …………………………………… 079

第七章　幼儿篮球教学活动指导师 …………………………………… 081
　　第一节　幼儿篮球教学活动指导师的角色描述 …………………………………… 082
　　第二节　幼儿篮球教学活动指导师专项理论与技能基础 …………………………………… 084
　　第三节　幼儿篮球教学活动指导师的核心工作 …………………………………… 087
　　第四节　幼儿篮球教学活动指导师工作评价与反馈 …………………………………… 089
　　第五节　幼儿篮球教学活动指导师工作的延伸 …………………………………… 092

第八章　幼儿篮球运动训练指导师 …………………………………… 095
　　第一节　幼儿篮球运动训练指导师角色描述 …………………………………… 096
　　第二节　幼儿篮球运动训练指导师专项理论与技能基础 …………………………………… 098
　　第三节　幼儿篮球运动训练指导师核心工作 …………………………………… 100
　　第四节　幼儿篮球运动训练指导师工作延伸 …………………………………… 109
　　第五节　幼儿篮球指导师工作评价与反馈 …………………………………… 110

参考文献 …………………………………… 112

附录 …………………………………… 120

第一章
绪论

2017年11月,中国篮球协会正式向社会推出"小篮球 大梦想"计划。在全民健身蓬勃发展、竞技体育硕果累累的背景下,国家、社会乃至普通民众将注意力投向实现这一切的基础——孩子们的兴趣。小切口、大背景,小篮球并不是一个新鲜概念,在欧美这一理念存在已久,其本身仍是一种篮球运动,为了符合青少年身体条件和发展状况,制定了世界上相对统一的适合青少年的标准:个头小一点,篮球小一点,篮筐低一点,场地小一点,适合不同年龄段的孩子。这样的改变为身体尚未完全成熟的孩子们更早接触到篮球运动奠定了坚实的基础。篮球场上的奔跑、协作与对抗,让孩子们体验运动的快乐,培养他们对篮球运动的兴趣。只要有了兴趣这块敲门砖,让孩子们长时间留在篮球运动中就有可能成为现实,如此不仅符合全民健身的要求,也实现了篮球运动后备人才的基础培养。2019年,国务院颁布了《体育强国建设纲要》,在其战略目标中有"全民族身体素养和健康水平持续提高,公共体育服务体系初步建立,竞技体育综合实力进一步增强"的表述。这体现了体育行业的两个标准:一个叫宽度,我国全民健身事业进一步发展,运动参与人群显著增加;一个叫高度,我国竞技体育事业进一步提升,运动成绩显著提高。

全民健身与竞技体育这二者是互相促进、互相依赖,缺一不可的。如果没有广泛的全民参与健身运动这一宽度作为基础,我国竞技体育人才金字塔这一高度,也将成为无源之水、无本之木;反之,如果失去了竞技体育人才金字塔的高度,使更多人看见某项具体的运动,那这项运动的号召力与影响力也必将大打折扣。

"小篮球 大梦想"计划推出以来,中国篮协始终坚定不移地贯彻"一个引领、两个驱动、三个支柱和四个系统"的发展思路,即以中国小篮球联赛为引领,以《小篮球规则》和《中国青少年篮球运动员等级》为驱动,以小篮球重点学校、青少年篮球俱乐部和青少年培训基地/中心为支柱,建立"教练员培训、大数据、技术标准、假期训练营"四个系统。为在青少年群体中普及篮球运动,中国篮协搭建了小篮球联赛这一平台,通过制定相关竞赛规则和管理制度,不断规范和完善,让越来越多的青少年了解篮球、喜爱篮球、参与篮球。"星星之火,可以燎原",在中国篮协的大力提倡与推动下,小篮球联赛得到了全国各地的积极响应。截至2018年5月,全国已有31个省份先后在当地开展小篮球联赛。

小篮球运动的迅速兴起,成为全社会关注的一个热点现象,其发展的可能性被无限拓宽。随着实践的积累、研究的深入,人们对小篮球运动有了更为深刻的认知,它的适宜群体并不仅仅局限于青少年群体,学龄前幼儿一样可以参与其中。专家学者们从幼儿篮球发展模式、幼儿篮球课程资源开发、篮球运动对幼儿身心发展的影响、幼儿学习品质结构及发展特点、欧美强国幼儿篮球发展借鉴等方面,多角度、多层次分析探讨了从幼儿阶段开展篮球运动的可行性和必要性。全国各地幼儿园对在幼儿群体中开展篮球运动的价值和意义也有了更为深刻的了解和把握，依靠园所自身师资力量，并积极引进社会培训机构，多措并举，在篮球亲子活动开展、幼儿篮球园本课程开发、幼儿篮球游戏创编、篮球特色幼儿园建设等方面取得了卓有成效的进展。当然，在幼儿篮球发展过程中，也存在一些现实困境，比如：教育理念功利化、课程目标单一化、课程内容专业化、教学环境低幼化、师资队伍繁杂化、资金投入欠缺等。

2020年10月，中共中央、国务院印发的《深化新时代教育评价改革总体方案》，明确：教育评价事关教育发展方向，有什么样的评价指挥棒，就有什么样的办学导向。完善幼儿园评价，重点评价幼儿园科学保教、规范办园、安全卫生、队伍建设和克服小学化倾向等情况，成为方案重点任务——"改革学校评价，推进落实立德树人根本任务"的重要组成部分。"坚持把师德师风作为第一标准"成为"改革教师评价，推进践行教书育人使命"的重要任务。幼儿师资评价突出保教实践，把以游戏为基本活动促进儿童主动学习和全面发展的能力作为关键指标，纳入学前教育专业人才培养标准、幼儿教师职后培训重要内容。由此可见，师资队伍建设是幼儿园实现高质量保育教育工作的先决条件。随着篮球运动广泛进入各级各类幼儿园（所），成为全国各地幼儿日常游戏和身体活动的主要内容之一，幼儿篮球指导师的培养，理应成为幼儿园师资队伍建设的一项重要内容。这既能满足幼儿园（所）提升自身师资队伍专业化、科学化水平的需求；也能满足园企合作中，提升社会幼儿篮球培训机构行业规范，提供高水平幼儿篮球教练的需求。

与此同时，教育部相继出台《3~6岁儿童学习与发展指南》、《幼儿园工作规程》、《幼儿园教育指导纲要（试行）》、《"十四五"学前教育发展提升行动计划》和《幼儿园保育教育质量评估指南》等政策、指导文件，为全国学前教育高质量发展指明方向。全国各地教育主管部门，也纷纷出台配套政策、措施，来规范本地幼教事业的发展。比如，2019年，江苏省教育厅、体育局联合发布《关于开展江苏省幼儿篮球活动的实施意见》，明确提出："树立'健康第一'理念，丰富、优化幼儿篮球活动内容结构，创新幼儿篮球组织活动方式，让幼儿在体育活动中促进智力发展，培养审美情趣。坚持社会组织多元投入，有效调动社会力量参与幼儿篮球活动的积极性，创新幼儿篮球活动工作机制，推进科学的幼儿篮球活动向深度和广度拓展。"

据此，南京市篮球运动协会顺应时代号召，创新性提出"幼儿篮球活动指导师"这一新兴职业。南京市篮球运动协会幼儿篮球专项发展委员会牵头，集合体育教育、学前教育等领域的专家学者，从游戏、教学、训练三个层面对幼儿篮球活动指导师进行界定与细分，设定幼儿篮球活动指导师的能力结构，提出幼儿篮球活动指导师的能力养成和提升路径；力图从幼儿篮球活动的合理组织与科学开展、幼儿篮球活动从业人员的资质获得、幼儿篮球活动从业人员的活动组织能力养成与提升等方面，设立行业规范与标准，为幼儿篮球进一步推广和高质量发展奠定坚实基础。

第一节　开展幼儿篮球活动的价值与意义

"小篮球 大梦想"计划的推出，展现了中国篮协的愿景、使命、价值观和口号，"篮球让生活更美好"便是篮协发展的愿景所在。中国篮协原秘书长白喜林表示，篮球运动融入了教育、社会、做人、团队、规则和精神等一系列内容，早已超越了篮球本身。篮球运动在幼儿群体的推广与普及，对培养幼儿健康身心、健全人格大有裨益。

与此同时，2019年国务院办公厅印发《体育强国建设纲要》，积极探索中国特色"三大球"发展道路，挖掘"三大球"项目文化，提高大众的认知度和参与度。幼儿体育也成为体育强国建设重大工程——青少年体育发展促进工程中的重要组成部分，事关完善幼儿体育的政策和保障体系；推进幼儿体育项目和器材标准体系建设，引导建立幼儿体育课程体系和师资培养体系。幼儿篮球必然成为我国新时代篮球事业改革与发展以及塑造未来篮球人才的奠基工程，是我国篮球发展路径中不可分割的重要组成部分，与我国体育和教育事业的快速发展形成互动。

一、促进幼儿身心全面发展

幼儿阶段是个体发展的关键期，既是保证人一生全面健康发展的逻辑起点，又关乎国家和民族未来的可持续发展。《3～6岁儿童学习与发展指南》明确界定了幼儿身心健康的重要标志：发育良好的身体、愉快的情绪、强健的体质、协调的动作、良好的生活习惯和基本生活能力，同时，这也构筑了其他领域学习与发展的基础。

适宜的篮球活动恰恰能给幼儿带来全面而深刻的积极影响。球场上哨声响起，是在提醒小球员们遵守规则；比赛中比分落后，是在考验小球员们的意志品质；努力追求比赛胜利，不仅需要个体的出色发挥，更需要整个团队的通力协作。经常性参与篮球活动，幼儿不仅在身体形态和体能状态上能呈现较为理想的发育水平，在肢体协调性、上下肢力量、灵敏性和平衡能力等主要身体素质方面也能获得长足的发展；从心理健康和良好社会适应方面来看，经常参加篮球活动的幼儿在情感融入、沟通交流、共情、精神复原、律己克制和坚持不懈等方面呈现出良好的发展水平。

篮球活动不仅可以使幼儿在运动过程中积极主动与他人交流，积极参与集体游戏，更有助于幼儿建立起良好的自信，与他人积极配合，共同协作进行篮球游戏、练习内容等，使得幼儿在群体活动中获得老师、教练、小伙伴、家长和他人的认可和鼓励。同时，通过篮球活动，幼儿更能积极面对困难和挫折，无形中提升了幼儿抗挫折能力和坚强的意志力，帮助幼儿形成良好的个性品质。

遵循幼儿身心发展规律、动作认知和技能形成规律的篮球活动，在幼儿群体中广泛开展，不仅能丰富、拓展幼儿园（所）体育活动类课程建设，更凸显篮球活动在幼儿身心发育发展过程中的独特价值与意义。

二、促进幼儿园课程体系建设

幼儿篮球是一种综合性教育活动，其价值不仅直接指向幼儿本身的发展，同时对幼儿园课程体系建设也有重要的促进作用，可以显著提高幼儿园体育课程的建构和实施质量。

21世纪以来，我国学前教育事业蓬勃发展。在党的第十九次全国代表大会上，习近平总书记强调将包括"办好学前教育"在内的教育事业置于优先发展的地位，由此可见学前教育在实现教育强国建设中的重要使命。促进课程改革一直是推动我国学前教育改革与发展的重要方略。目前我国幼儿课程经历了从模仿借鉴到规范创新的发展历程。在新时代的语境下，我国幼儿体育课程也应脱离传统的模仿借鉴苏联的幼儿体育课程模式，立足本土化的改革与发展，从而建设符合我国国情的高质量、高层次幼儿体育课程理论与实践体系。

《幼儿园教育指导纲要（试行）》中的健康领域对幼儿体育的重要性进行了详细阐述，包括"喜欢参加体育活动，动作协调、灵活"的教育目标。《幼儿园教育指导纲要（试行）》中提出："幼儿园必须把保护幼儿的生命和促进幼儿的健康放在工作的首位。"《幼儿园工作规程》中保教的首要目标包括"增强体质，培养……参加体育活动的兴趣"。以政策为导向，诸多政策文件的颁布从宏观层面体现了国家构建优质幼儿体育课程的指导思想和长远规划。幼儿篮球课程作为学前体育教育课程改革的重要分支，不只是一种模式单一化的课程，更展现了新时代的一种课程理念，它是在幼儿园课程实践过程中不断丰富和发展起来的。系统开展幼儿篮球活动不仅可以促使幼儿将在篮球活动中习得的经验和发展出来的积极品质迁移到其他活动中去，提升其他课程的实施质量，同时还可以为幼儿园开发其他园本课程提供思想、方法和经验上的借鉴，从整体上提升幼儿园课程的建构质量。

三、完善幼儿师资队伍建设与促进幼儿教师职业发展

《国家中长期教育改革和发展规划纲要（2010—2020）》明确：严格执行幼儿教师资格标准，切实加强幼儿教师培养培训，提高幼儿教师队伍整体素质。2020年中共中央、国务院印发的《深化新时代教育评价改革总体方案》提出，改革教师评价，坚持把师德师风作为第一标准的同时，突出教育教学实绩，幼儿园教师评价突出保教实践，把以游戏为基本活动促进儿童主动学习和全面发展的能力作为关键指标。

新时代，我国学前教育事业开启创新发展征程之际，必然对幼教师资，尤其是幼儿体育师资，提出更明确、更清晰的职业素养要求，同时对幼儿教师个体的职业发展作出了科学的、合理的安排。目前我国幼教一线师资普遍存在体育教学能力不足的状况，具体表现为以下能力的不足：选择、组织体育活动的能力，设计实施体育活动方案的能力；创编幼儿体操、体育游戏的能力；幼儿安全保育能力；以及运动损伤紧急处理能力。但是对幼教师资群体所作的调查却显示，幼儿教师普遍对在幼儿园开设体育课程，在幼儿群体中广泛开展各类体育活动和游戏持积极的支持态度。他们认为：体育活动和游戏对促进幼儿生长发育、个性形成、情感发展、智力发育、语言表达能力改善、意志品质塑造等方面具有十分重要的作用。幼儿篮球，作为特定年龄群体的篮球运动，在场地器材、活动样式、竞赛规则等方面明显区别于成人篮球，但其并没有背离篮球运动的本质内涵，它依然是一项涵盖了走、跑、跳、投等多种身体运动形式的体育运动和游戏，对幼儿的身心发展能给予全面、有效、综合的积极影响。

国家积极倡导加快学前教育发展，促进幼儿园保育教育质量不断提高；家长希望孩子在幼儿园期间就能接受良好的体育锻炼，发展良好的心智；以幼儿篮球、体操、跳绳等为代表的体育活动和游戏陆续成为各级各类幼儿园的园本课程和特色幼儿体育项目……当众多因素聚合在一起，必然要求幼儿园不断完善自身师资队伍的建设，以满足人们对优质学前教育更迫切、更强烈的需求。因此，各级各类幼儿园主动适应学前教育发展趋势，以社会需求为导向，突出实践性和专业性，积极引进具有学前体育基本理论和基本技能，具有良好人文素养和教师职业素养，具备从事学前体育专业教学能力和管理能力，以及符合教育发展要求的"一专多能"的应用型学前体育人才，成为一种势所必然的选择。

随着我国学前教育有新的发展，各级各类幼儿园在职在岗教师必然也面临自身职业发展的现实需求。幼儿园在积极引进幼儿体育专业师资，完善师资队伍建设的同时，也应结合园所自身开展幼儿篮球等幼儿体育活动和游戏的实际需求，关注园

所内部现有师资再培训、再提升的可能性和必要性。积极拓展多种渠道，为在岗教师提供再培训、再提升的机会。比如，幼儿园邀请体育教育领域专家开展专题或主题讲座，分享幼儿体育教学、运动技能、专项理论等研究成果，完善在职教师的知识结构体系；也可与其他幼儿园或社会幼儿体育培训机构合作，组织开展体育教学观摩活动，取长补短，优势互补；也可为在职教师争取外出学习和进修的机会，拓展在职教师的教学事业，提升对幼儿体育教育工作的认知水平；还可以设立园所自身的体育教研小组，由专门的团队来负责开展体育教研工作和体育教学活动，全方位，多层次促进在职教师自身的职业发展。

第二节 幼儿篮球活动指导师的概念与角色

一、幼儿篮球活动指导师概念

幼儿篮球运动的迅速推广与普及，使得幼儿篮球活动专业指导人才队伍匮乏这一现实困境日益凸显。同时，幼儿篮球活动领域缺乏规范的行业标准和完备的培训体系，也使幼儿园体育师资、社会培训机构幼儿篮球从业人员的职业发展缺乏依据，缺少提升途径。为有效解决这一困境，南京市篮球协会幼儿发展专项委员会，在幼儿篮球行业标准的设立和从业人员培训体系的构建两个方面，开展了切实工作，首创性提出"幼儿篮球活动指导师"这一全新的概念和职业技能门类。

哪一类人员能被称为幼儿篮球活动指导师呢？幼儿篮球活动指导师，是指具有学前教育和体育教育双重专业背景，在学前教育阶段（3～6岁）的幼儿篮球活动中，从事技能传授、活动开展、游戏创编和组织管理工作的人员。

幼儿篮球活动指导师的来源并不是唯一的，可以是幼儿园所自身的幼儿体育师资，也可以是社会培训机构幼儿篮球教学从业人员，甚至还可以是高等、高职院校体育教育专业或者学前教育专业在读本科生、研究生。来源可以多渠道、多途径，但作为幼儿篮球活动指导师，他们必须具备相应的专业素养。首先，这个群体必须具有保育资质或参加过系统的保育培训，能尊重幼儿年龄特点和成长规律，注重幼儿发展的整体性和连续性，坚持保教结合，以游戏为基本活动，有效促进幼儿身心健康发展。其次，这个群体应具备较为扎实的学前教育专业和体育教育专业基础理论知识，比如，掌握学前教育学、心理学、卫生学等相关知识，同时幼儿篮球专项技能突出。再次，这个群体还应掌握篮球活动组织方法与手段，包括幼儿篮球课程设计与开发、幼儿篮球教学训练活动组织与开展、幼儿篮球游戏创编与实施、幼儿篮球亲子活动和嘉年华活动的组织管理等。最后，这个群体还应了解和遵守幼儿篮球活动基本规则，包括赛场礼仪，行为规范等，能做好幼儿、家长、幼儿篮球队工作人员的管理工作；最后，了解并掌握与幼儿良好沟通的语言能力和技巧。

二、幼儿篮球活动指导师角色

在实践中，幼儿篮球活动指导师承担的角色并不是固定不变的，由于教育的对象处于低龄阶段，社会经验缺乏、自理能力较弱，身心发展具有幼稚性、可塑性和迅速性的特点，所以相对于其他学龄阶段，幼儿篮球活动指导师的角色任务更为多样、复杂。在完成不同的幼儿篮球活动内容时，指导师们需要扮演不同的角色，当然还需应对时代发展、文化交融、价值观多元化等给角色扮演带来的诸多挑战。

（一）幼儿篮球课程开发设计者

在开展幼儿篮球课程的设计与开发方面，幼儿篮球活动指导师更贴近一名教学管理、科研人员，应扎实掌握、深刻理解课程构建原理，以及幼儿身心发展规律，遵循《3～6岁儿童学习与发展指南》在幼儿动作发展方面提出的"具有一定的平衡能力，动作协调、灵敏""具有一定的力量和耐力""手的动作灵活协调"的目标要求。但仅依据这些，对设计开发适宜幼儿的篮球课程来说还远远不够。

幼儿篮球课程的设计开发工作，可基于人类动作发展理论、动作学习及控制理论，以及当前兴起的功能性训练理念着手开展。在课程目标、课程内容、课时安排、教学方法、课程评价等方面的构建中，应落实符合幼儿身心发展特征，遵循幼儿基本动作发展规律，注重课程游戏化、生活化和整体性，淡化专业性等幼儿课程开发的基本要求。通过基本的篮球技术动作培养幼儿的基本动作技能，初步培养幼儿的篮球兴趣、球性与动作，促进幼儿篮球技能的习得和运动能力的发展。

此外，课程评价是课程设计开发的重要环节，对课程实施起目标引导、反馈反思的积极作用。作为幼儿篮球课程的设计开发者，应积极倡导从幼儿实际表现出发进行评价，坚持评价主体的多元化和评价方法的多样化，综合设计融合过程性评价和结果性评价的任务。

（二）幼儿篮球教学训练组织者、合作者、引导者

在幼儿篮球教学、训练过程中，幼儿篮球活动指导师应始终秉持"以幼儿发展为本"的理念。

首先，幼儿篮球活动指导师不仅是幼儿篮球教学、训练活动的组织者，更是幼

儿的合作者、引导者。教学、训练的重心应从机械、单纯专项技术练习的窠臼摆脱出来，转向培养幼儿对篮球活动的兴趣，运用幼儿接受并喜爱的方式开展篮球教学、训练活动。在活动中，让幼儿自主探究、体验、合作，感受练习目标达成的成就感，鼓励幼儿勇敢面对比赛和练习失利的挫败感，培养幼儿之间互相信任、团结、不气馁的意志品质。

其次，幼儿篮球活动指导师还应是一位专注、敏锐的观察者。在幼儿篮球活动中，对活动场地的安全性、器材的摆放、幼儿尝试和探索的情况、幼儿运动技能的形成、幼儿情绪的变化等细致、精准的观察，有助于指导师们适时作出针对性的调整和支持，以保证幼儿篮球教学、训练活动目标的达成，促进幼儿身心发展。

最后，幼儿篮球活动指导师，还应具备出色的专业素养，如有渊博的篮球文化知识、丰富的教学训练经验，精准掌握幼儿身心发展规律、知晓幼儿动作发展不同年龄阶段特征，了解活动过程中可能的安全隐患与处置办法。对于幼儿在篮球活动过程中可能会出现的分歧与纠纷，指导师们能否公平公正、不偏不倚地处理，也考验了指导师们是否具有高尚的道德品质和强烈的责任心。

（三）幼儿篮球游戏创编者、实施者、评估者

幼儿篮球活动指导师涉足幼儿体育领域的实践工作，理应积极响应2020年国务院印发的《深化新时代教育评价改革总体方案》对教师评价改革的要求，即"突出保教实践，把以游戏为基本活动促进儿童主动学习和全面发展的能力作为关键指标"。

幼儿篮球游戏的创编，是为了使成人世界里的篮球运动更加贴近幼儿的实际发展水平，更加贴近幼儿的学习特点，更加贴近幼儿的生活，更加贴近幼儿的兴趣与需要。将幼儿篮球具体的活动以游戏的方式呈现、展开，是游戏，就必然有情境；是一个实践过程，就必然包含经验。这就要求幼儿篮球活动指导师更多关注整个活动过程是否有效，幼儿是否得到了发展，幼儿园培养质量是否有所提高。这一过程，也必然深刻影响着指导师自身的成长过程，尤其是基本的教育理念、课程意识、教学水平和专业能力提升的过程。

幼儿篮球活动指导师在创编篮球游戏时，理应深刻思考以下问题：创编的篮球游戏是否体现自由、自主、创造、愉悦的游戏精神？有没有给幼儿创造丰富多样的游戏环境？有没有让幼儿在生活和篮球游戏中学习？有没有让幼儿动用多种感官来体验、学习篮球运动？有没有让幼儿不断获得新经验？

在幼儿篮球游戏的实施过程中，指导师们需要让幼儿进行经验的积累和重组。这意味着指导师们需要与幼儿进行交流。让幼儿主动参与篮球活动，并不等于指导师不说话，说话通常是有意义的。师幼之间的谈话可以引导孩子进行经验的提升和重组。当然，并不是说指导师讲得越多，幼儿就发展得越好。幼儿的有效学习往往和指导师的脑力消耗成正比，这就意味着指导师需要付出更多创造性的劳动，同时也需要指导师反复自问：做得是否到位？是否越位？

某个具体的篮球游戏的完成，必然导致一个具体的结果，这一结果对幼儿的身心发展是否有效？是否聚焦了幼儿的积极性、主动性和创造性？是否丰富和发展了幼儿的新经验？这一系列问题的回答，形成了对幼儿篮球游戏效果评估。它既可以是专家学者、幼儿园园长，甚至家长给出的他评，也可以是幼儿篮球活动指导师由游戏过程引发的自我追问。

第三节 幼儿篮球活动指导师的分类

德国著名幼儿运动教育及精神运动学专家雷娜特·齐默尔曾说："童年是一个运动的阶段。"体育活动对幼儿身心发展的重要价值可见一斑。集对抗性、健身性、增智性、娱乐性、观赏性于一体的篮球运动对幼儿身心发展的影响必然是全面而深刻的，这使得篮球很容易成为幼儿日常身体活动中的亲密"伙伴"。

一、幼儿篮球活动指导师的分类

如何实现篮球活动与幼儿的学习、生活无缝衔接呢？完全依靠幼儿的自主选择，是难以实现预期目标的，这个过程必然需要专业人士和幼儿的共同参与。我们所说的专业人士，可以是幼儿园自己的幼儿体育师资，也可以是具有学前教育和体育教育双重专业背景的幼儿篮球活动指导师。

按照幼儿篮球活动开展样式、活动内容、活动场景和达成目标的不同，我们主张按照游戏、教学和训练三个不同类别，对幼儿篮球活动指导师进行更为精细的类别划分，即幼儿篮球游戏活动指导师、幼儿篮球教学活动指导师、幼儿篮球训练活动指导师。

游戏、教学、训练，构成了幼儿篮球活动的整体，都服务于促进幼儿身体生长发育、强壮幼儿体质，促进幼儿动作技能发展，增进幼儿心理发展和良好的社会适应这一总体发展目标。所以，从这个层面而言，游戏、教学、训练三个类别的活动指导师，是在统一发展目标的指导下开展具体实践的，他们是互相融合、互相协作、

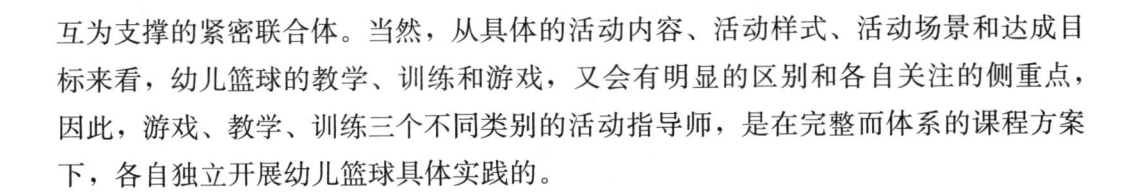

互为支撑的紧密联合体。当然，从具体的活动内容、活动样式、活动场景和达成目标来看，幼儿篮球的教学、训练和游戏，又会有明显的区别和各自关注的侧重点，因此，游戏、教学、训练三个不同类别的活动指导师，是在完整而体系的课程方案下，各自独立开展幼儿篮球具体实践的。

二、幼儿篮球活动指导师的分类依据

学前阶段（3~6岁）幼儿生理、心理发育呈现出明显不同的年龄阶段特征。所谓年龄特征就是指幼儿在各个不同年龄阶段所形成并表现出来的一般的、典型的、本质的心理特点。它是不同类别幼儿篮球活动指导师教育、引导幼儿的出发点。因此，幼儿篮球活动指导师必须从幼儿年龄特点的共性出发，来预见幼儿的发展，有意识地引导和教育幼儿。

不同年龄阶段的幼儿，在日常活动的兴趣点、目的性，参与活动的方法与记录活动的方式，表达活动感受以及与他人交流等方面既具有共性又存在明显的年龄差异。比如，在日常活动的兴趣点与目的性方面，小班幼儿通常对自己喜欢、熟悉、可反复操作的事物更容易表现出兴趣，表现出较强的自我中心倾向，有浓厚的主观情感色彩，与此同时，小班幼儿的选择又常具有无意识性，极易受其他刺激干扰，所以他们的兴趣点常常并不稳定。而中班幼儿则更喜欢接触和参与特征明显、多元、有变化且好玩的事物与现象。他们会选择与现实生活相关度较高的活动，并渴望了解这些活动的方法、特点、变化和意义。由此可以看出中班幼儿参与活动的目的性比小班阶段强许多。大班幼儿则开始逐渐对有一定挑战性的活动内容表现出兴趣，相比中班幼儿而言，其视角更为开阔，他们能通过收集与交流信息来拓展活动的范围与内容，并使活动向纵深推进。与此同时，大班幼儿的兴趣开始表现出个性化倾向，个体差异更为明显。

幼儿在参与活动过程中，会呈现出鲜明的年龄阶段特征，因此在幼儿群体中开展篮球活动时，应根据不同年龄幼儿的特征，给予不同的篮球活动内容安排，设定适宜的活动场景，利用不同的活动组织方式，来开展相应的篮球活动。正因为不同年龄段幼儿参与篮球活动实践的诸多不同，我们认为将幼儿篮球活动指导师分成幼儿篮球游戏活动指导师、幼儿篮球教学活动指导师和幼儿篮球训练活动指导师三个不同类别是必要的，也是有意义的尝试。

三、幼儿篮球活动指导师的分类意义

首先，对幼儿篮球活动指导师进行具体的类别划分，可以进一步提升幼儿篮球活动指导师对篮球活动的清晰认识，深化其对幼儿篮球知识和幼儿自身发展规律的了解，提升幼儿篮球活动指导师的专业素养。比如，对篮球的基本概念、篮球活动的适宜内容、篮球教学规律以及在幼儿篮球活动过程中存在的一些问题及解决方法等内容的深刻理解与把握。

其次，不同类别幼儿篮球活动指导师作为活动的引导者，在具体活动目标的设置上，可以根据幼儿动作发展的特点与不同年龄阶段的差异性，清晰、准确设置活动目标。不仅满足幼儿身心发展的需要，也关照了社会发展的需要，有效避免活动内容的混淆，促进幼儿篮球活动科学合理而有效地开展。

第三，不同类别幼儿篮球活动指导师，开展活动实践时，可以有效拓宽幼儿篮球活动的资源和途径，并从中审视、反思活动中的不足，及时寻找解决方法。

第二章
幼儿篮球发展的机遇与挑战

国际篮球联合会（FIBA）的章程将"小篮球（Mini Basketball）"定义为12岁以下儿童所从事的篮球运动，明确指出："小篮球是全世界12岁以下男女儿童的一种游戏。它为儿童提供了一种创造性的、欢乐的娱乐手段，并使之熟悉篮球运动。""它富有基本技术和身体训练手段，富有发展社会性和培养集体主义作风的条件，有助于男女儿童准备和参与多种体育运动，鼓励他们走上愉快的和成功的体育生活。"伴随着"小篮球 大梦想"计划的推出，中国篮球协会同时向社会颁布施行《小篮球规则》，对在我国组织开展的小篮球运动给出了明确的定义：小篮球比赛开始当年周岁年龄12岁或12岁以下的男孩和女孩参加的比赛，也可以是男孩和女孩一同混合编组参加的比赛。由此不难看出，我国推行的小篮球运动，从目标人群、竞赛活动组织、适用规则、活动宗旨上均主动与国际接轨。

在我国，学前教育指的是3~6岁儿童的教育，就是我们常说的幼儿园阶段的教育。在3~6岁儿童中间开展的幼儿篮球活动，从活动参与人群的年龄分布而言，显然也应属于小篮球运动的范畴。学前教育是每一个儿童接受集体教育的开始，是每一个人终身学习的开端，是国民教育体系的重要组成部分。基于此，我们不难得出这样一个判断：幼儿篮球，是小篮球运动的开端。幼儿篮球发展的好坏，在很大程度上影响着我国小篮球运动发展的前景。

自2017年，中国篮球协会提出以小篮球联赛为引擎大力推广小篮球运动。经过5年的推广和实践，学前教育阶段的幼儿篮球和小学阶段的校园篮球迅速在全国范围内铺开。整齐划一的幼儿篮球操展示、如火如荼的小篮球赛事、精彩纷呈的篮球亲子活动……凡此种种，无一不表明儿童、家长、园校对小篮球运动倾注了极大热情，也使"小篮球发展计划"成为全社会关注的热点。

当然，幼儿篮球，乃至小篮球运动，在得到社会高度关注，获得长足发展与提升，呈现一片欣欣向荣景象之际，其自身发展中的问题与不足，也是显见的。比如，教育理念功利化、课程目标单一化、课程内容专业化、教学环境低幼化、师资力量薄弱化、资金投入欠缺，依然是当前幼儿篮球寻求高质量发展所无法绕开的现实困境。

第一节　小篮球（幼儿篮球）发展现状

我国幼儿篮球的兴起虽然时间尚短，但它既有促进幼儿体能发展、智力发育、人格养成的重要作用，又是实现我国全民健康的重要抓手，还是我国由体育大国迈向体育强国建设进程的重要途径。因此，把脉我国幼儿篮球发展现状，将其置于整个篮球事业发展进程之中，置于国际视野之下，作最为全面而深刻的纵向、横向考察，更利于我们把握发展机遇，直面当前所处的困境，在国家大政方针的指引下制定更切实可行的发展规划，以寻求高质量发展道路。

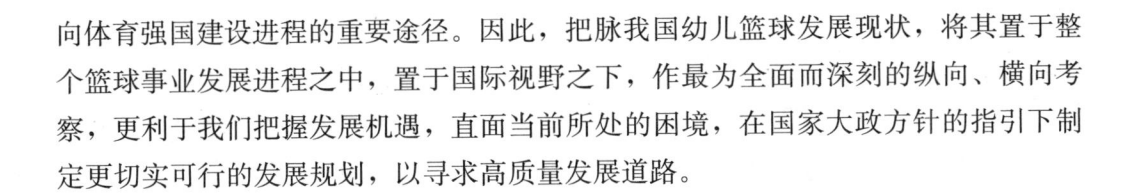

一、国际小篮球运动发展概况

小篮球运动并不是一个新鲜事物，它1948年起源于美国，兴盛于20世纪70年代。1970年西班牙召开了第一届世界小篮球委员会，1972年西班牙举行了第一届国际小篮球锦标赛。

小篮球运动在欧美篮球运动发达国家得到了较好的发展。美国作为世界篮球霸主，不仅有世界顶级的美国职业篮球联赛（NBA联赛），青少年篮球运动的普及和发展也处于世界领先地位，在美国6~14岁的青少年中，有1 440万人打篮球，占该年龄组的38%。西班牙总人口不足4 700万，却在足球、篮球这类职业化程度高、世界影响力大、群众基础厚实的集体大球项目上取得举世瞩目的成就——均取得过世界冠军称号。塞尔维亚体量更为弱小，经济、资源等无法与发达国家抗衡，但在世界竞技体育版图中拥有一席之地，尤其以三大球崛起为鲜明特征，可与任何体育强国媲美。而我们的东亚近邻日本，近几年来篮球运动的发展也取得了长足的进步。

纵观世界篮球运动强国的发展历程，虽各有特色，各有不同的发展路径，但均在以下几方面展现了卓有成效的工作：完备的人才梯队建设、活跃的篮球文化氛围构建、健全的赛事体系运作等。

更进一步思考，不难发现这些国家遵循了篮球运动发展的基本规律：首先，发展理念清晰。比如，美国以"终身篮球"为发展理念，致力于塑造青少年积极参与的篮球环境和氛围，促进青少年篮球运动终身化，其发展路径以兴趣入手，将"激发兴趣－持续兴趣－延续兴趣"贯穿整个学习活动过程。塞尔维亚的小篮球运动秉承"寓教于乐、寓教于赛"的发展理念。日本则提倡"快乐篮球"，注重青少年的兴趣培养。其次，国家重视，相关制度体系健全。比如，西班牙和塞尔维亚，国家对小篮球运动的推广普及高度重视，独特的"教体融合"机制和对青少年体育的重视，使小学阶段学业轻松，少年业余训练时间充足，有效保障了运动技能水平的提高，解决了"学训"矛盾。在具体实践中，训练契合儿童青少年身心发展的特点，严格执行国家的规章制度，避免过早地篮球专业化。再次，篮协主导作用凸显，目标明确，多元协作，目标动力机制一致。比如，西班牙小篮球运动的发展，突出各级篮球协会的主导作用，兼顾社会资本的参与和学校资源的融合，发挥"校企"合作优势。通过夏令营、训练营、培训班等形式，推进"校企"的有效融合与衔接，突出俱乐部培训的专业优势，弥补学校在竞赛、训练、组织和管理方面的资源不足。最后，在教学内容设计上注重游戏化，在教学实施上注重趣味化；进行科学、合理的年龄阶段划分，构建完善的后备人才体系；完善小篮球竞赛规则，保证公平参与；建立完备的教练员岗培体系，提升基层教练员的执教素养。

欧美篮球运动强国在小篮球，乃至幼儿篮球推广发展方面的先进理念、教学内容体系、竞赛体系、制度建设、赛事文化、社会资源引入、教练员培养等均给世界小篮球运动发展提供了卓有成效的治理经验，而我们需要思考的是如何将这些先进经验与具有中国特色的制度、文化完美结合，让中国的小篮球运动真正实现"篮球让生活更美好"。

二、中国小篮球起步晚，发展慢

据有关记载，20世纪50年代，类似于小篮球的活动在我国天津首次出现。但在当时，这项活动远未成熟，因此从严格意义上来说还不能叫小篮球，只能称之为小皮球。

1958年，受天津市小皮球比赛的启发，哈尔滨也组织学生开展了小篮球比赛，但这些比赛都是非正规的，并没有统一的标准和合理的赛制安排。

1972年，北京举办了区一级比赛。为了推动小篮球运动在全国开展，1973年，当时的国家体委出版了《中国小篮球竞赛规则》，除球、篮板和场地与成年篮球不同外，还规定比赛时间每半场为15分钟，但这项运动并没有得到很好的发展。一直到1987年，我国才成功举办了较为大型的小篮球比赛，不过受当时现实条件的影响，这些比赛仍未得到社会的广泛关注。

近年来，随着《"健康中国2030"规划纲要》《体育强国建设纲要》《深化新时代教育评价改革总体方案》《"十四五"学前教育发展提升行动计划》《幼儿园教育指导纲要（试行）》《关于学前教育深化改革规范发展的若干意见》《3～6岁儿童学习与发展指南》等事关国家新时代发展的重大战略、规划以及政策措施的陆续出台，越来越多的家长意识到，体育运动，尤其是篮球运动对幼儿成长发展的重要性。这为小篮球运动在中国大面积推广打下了坚实基础。2017年，中国篮球协会主席姚明在吸收、借鉴国外先进篮球文化和经验的基础上，在"两会"期间围绕小篮球的推广提出了新提案，为中国篮协顺利推出"小篮球 大梦想"计划奠定政策基础。

三、"小篮球 大梦想"计划促成高速发展

2017年，中国篮协对外公布了《中国小篮球发展计划》，建立以小篮球联赛为引领的推广体系，青少年儿童篮球赛事活动在全国范围内得到积极响应，并迅速在全国各地铺开。据中国篮协官方公布的统计数据，截至2018年5月底，全国已有31个省份先后在当地开展了小篮球联赛。举办小篮球层级联赛的城市有192个，赛区334个，成功报名参赛的球队有15 042支，成功报名的运动员达98 780人。

在北京。2018年11月18日，来自北京市16个区上百所中小学近2 000名学生，参加了2018—2019年北京市中小学生篮球冠军赛。整个赛事活动为期5个月，是北京市规模最大、级别最高的中小学生篮球赛事。

在江苏。江苏省为响应政府号召，于2018年起着手大力推动小篮球运动在江苏的发展。江苏先后出台了《关于启动"小篮球"发展计划推进校园篮球工作的通知》《关于开展江苏省幼儿篮球活动的实施意见》《江苏省青少年篮球项目体能技能测试标准》等政策文件，指导和推动小篮球运动的开展与实施。

在小篮球赛事举办方面，为切实贯彻"以小篮球联赛"为引领的推广思路，江苏省先后举办包括中国小篮球江苏赛区联赛、江苏省小篮球联赛、长三角小篮球联赛、江苏省小篮球俱乐部锦标赛、江苏省幼儿篮球邀请赛等多种赛事活动，每年吸引超过2 000人参与其中。

此外，在小篮球运动师资培训、课时安排、场地建设、青少年校园篮球特色学校建设方面，江苏省教育厅与体育局通力协作、多措并举，也取得了切实有效的进展。

在上海。2018年3月，"2018 BIG5青少年篮球春季锦标赛"在上海美国学校（浦东小区）如期举行。赛事从U8到U16划分了8个年龄段，近50支球队参与，共计奉献了60多场精彩赛事。BIG5联盟的参赛球员既有中国本土的优秀小球员，也有来自欧洲、美洲、拉丁美洲等地的外籍拔尖篮球人才。

在广东。2018年，广东省篮协举办了首届广东省小篮球联赛，共设U6、U8、U10、U12四个组别，首届比赛便吸引了798支球队报名参赛，8 000多名小球员参与其中。即便在新冠疫情期间，广东省小篮球联赛依旧没有停办。到2021年，已是小篮球联赛的第四届。广东小篮球联赛通常是以嘉年华的形式呈现，赛事活动意在培养孩子们对篮球的兴趣，淡化比赛中的"锦标主义"。广东省篮协在办好本地小篮球联赛的同时，还积极对外联络，与国内其他省市篮协联手打造跨地区小篮球赛事。2019年，广东、北京、上海三地篮协合作推出"北上广"小篮球精英赛，有6支球

队参加了该项赛事。如今，越来越多的省市表达了共同参与小篮球精英赛的浓厚兴趣，随着新力量的加入，这一平台的规模必将继续扩大。

大力举办小篮球赛事之余，广东省篮协投入大量人力物力建设小篮球培训基地。2020年8月，全国首个省级小篮球培训基地在广东省东莞市大朗镇正式宣告落成。这不仅为小球员参赛提供了便利，也为各种冬令营、夏令营，乃至小篮球师资、小篮球裁判培训，提供了专业的场所。

上述地区小篮球运动的兴盛只是"中国小篮球发展计划"的一隅，关注边远地区，将篮球运动带到那里，落实"大梦想，它始于篮球梦想，超越篮球，可以是孩子们任何一个梦想"的理念，也是中国小篮球推广的重要举措。2019年10月，中国小篮球"走进蒙云贵"在云南丽江举行，来自云南省14个州市的150余名小篮球项目负责人和骨干教练员、裁判员接受了小篮球相关的培训和实践活动。而来自马边彝族自治县（四川南部，大小凉山交界处）建设镇的光辉中心校也建立了属于自己的U8、U10、U12三个不同年龄组别的篮球队，以"七彩光辉"的队名连续参加乐山市少儿篮球俱乐部联赛和中国小篮球联赛，并在2021年获得了中国小篮球联赛四川省总决赛U10混合组冠军。

小篮球运动的迅猛发展，极大带动了幼儿篮球政策的支持。2019年，江苏省教育厅、体育局发布《关于开展江苏省幼儿篮球活动的实施意见》，明确提出江苏省幼儿篮球发展的具体任务，即全面推动幼儿篮球活动的普及，积极开展篮球类体育特色幼儿园创建工作，规范幼儿篮球活动内容，积极开展幼儿篮球展示活动，开展幼儿篮球文化教育；并提出了开展幼儿篮球活动的5项保障措施：①辖区各地体育、教育主管部门加强对幼儿体育工作的领导、组织协调；②积极争取财政支持；③改善小篮球教学条件；④加大幼儿体育师资队伍建设力度；⑤出台《江苏省篮球类体育特色幼儿园活动指南》。

第二节　幼儿篮球发展机遇

新中国成立以来，我国的幼儿园课程经历了从模仿借鉴苏联学前教育到规范自主创新的发展历程。不同时期的幼儿园课程内涵不断深刻变化，体现了不同的课程理念，这样一种不间断的演变与发展也说明了学前教育改革的必要性和重要性。

2001年《幼儿园教育指导纲要（试行）》的颁布，标志着我国学前教育改革进入一个全新的阶段。它所涵盖的总则、教育内容与要求、组织实施、教育评价等不同组成部分，均有明确的叙述与要求，体现了"以幼儿发展为本的思想"。它提出了幼儿发展的"健康、语言、社会、科学和艺术"五大领域内容，且各领域相互渗透。国内幼儿园课程改革由此进入多元化发展的新阶段，这也为篮球运动进入幼儿园提供了政策依据。

2012年教育部颁布了《3~6岁儿童学习与发展指南》，最大限度地促进3~6岁儿童的学习与发展，为其一生的发展打下基础。除此之外，《3~6岁儿童学习与发展指南》的颁布还具有更为广阔而深远的作用：更好地落实《儿童权利公约》，促进学前教育公平；促进《幼儿园教育指导纲要（试行）》的深入贯彻，进一步提高幼儿园教育质量；帮助幼儿教师发展专业素质，提高促进幼儿学习与发展的专业能力；提高家长教育能力和家庭教育质量；引导全社会正确地认识幼儿的学习与发展。结合《体育强国建设纲要》和《"健康中国2030"规划纲要》等国家大政方针，江苏省开展了新一轮的幼儿园课程改革实践，分别于2014年和2019年颁布《关于开展幼儿园课程游戏化建设的通知》和《关于开展江苏省幼儿篮球活动的实施意见》，力求强化体育道德体验教育，让幼儿在体育活动中"享受乐趣、增强体质、健全人格、锤炼意志"。树立"健康第一"理念，丰富、优化幼儿篮球活动内容结构，创新幼儿篮球组织活动方式，让幼儿在体育活动中促进智力发展，培养审美情趣。坚持社会组织多元投入，有效调动社会力量参与幼儿篮球活动的积极性，创新幼儿篮球活动工作机制，推进科学的幼儿篮球活动向深度和广度拓展。

新世纪，新时期，我国积极开展学前教育改革，倡导"以幼儿发展为本"的发展理念，在"健康第一"指导思想下培养幼儿的全面发展；在"共建共享、全民健康"战略主题下，遵循健康优先、改革创新、科学发展、公平公正原则，推动健康中国建设；全面推动"三大球"的普及和提高，积极探索中国"三大球"发展道路，构建政府主导、部门协同、社会力量积极参与的"三大球"训练、竞赛和后备人才培养体系，挖掘"三大球"项目文化，提高大众的认知度和参与度等的现实需求。全方位、多角度为幼儿篮球的推广与发展提供了广阔而美好的前景。

一、幼儿身心全面发展的现实需求

对于个体而言，幼儿在健康领域的学习与发展，是幼儿身体和心理发育与健康发展的需要，是实现幼儿全面和谐发展的基础，同时，也能为其一生的健康打下良好的基础；从社会层面看，幼儿在健康领域的学习与发展是社会发展的需要，幼儿健康水平的提高，是人口素质提高的基础环节，也体现人类的进步与社会的发展。

随着健康中国建设工作的扎实推进,"健康第一"思想广泛被认可与接纳,社会不同阶层、不同人群越来越意识到,教育中一些短视、功利的做法,比如日益突出的幼儿园教育"小学化"现象,严重影响幼儿的身心健康。强调健康第一,表达了扭转当前学前教育生态的迫切决心。无论在什么时代,只要人们对健康抱有科学的认识,健康第一就必然是真实存在的教育理念,这也是教育本应该有的追求和遵循。并且,我们对于健康及其与教育之关系的认识越是全面和深入,就越会认同健康第一的教育理念。

篮球运动完美融入了体育、教育、社交、团队、规则和精神等一系列内容,对参与其中的个体所产生的影响早已超越了篮球本身。因此,在幼儿群体中开展篮球运动,就要在充分考虑幼儿不同年龄阶段身心发展具体水平的基础上,将高水平、高质量的篮球活动融入幼儿日常生活和活动中。在活动过程中,要强调活动组织者的有效干预,促进幼儿篮球能力的有效提升。与此同时,科学、合理的幼儿篮球活动安排,能充分考虑幼儿身心发育尚未成熟的现实,让幼儿在高质量的篮球活动中强化心肺机能,加速身体的生长发育,有效发展灵敏、速度、力量等身体素质。此外,科学、合理的幼儿篮球活动安排,也能充分考虑幼儿体育动作形成和发展的特点。高质量的篮球活动能够充分激发幼儿的兴趣和参与篮球活动的积极性、主动性,有助于培养幼儿的意志品质,形成终身体育的积极态度和习惯。

二、"以幼儿发展为本"的思想下幼儿生活场景的真实回归

关注幼儿生命的教育,应该承认、尊重幼儿固有的本能,关注、重视幼儿的积极性、主动性和能动性。这意味着幼儿园课程首先不是为了成人的需求而构建的,而是为了满足儿童生命成长的需要,应该站在幼儿的立场上,由幼儿参与课程的构建。幼儿园的课程不只是儿童端坐静听,更重要的是鼓励儿童去探索、交往、体验和感受。幼儿活动的过程,就是课程展开的过程,也是幼儿的生活过程,也必然是幼儿生命成长的过程。幼儿篮球,以其多样的动作门类、多样的活动形式、多样的人际互动场景,恰恰给予幼儿创设了全面的生活、活动情境,让幼儿真正处于一个自己的需要、兴趣和潜能可能得到充分发挥的世界里,使幼儿的生命更具活力,更有力地成长。

"幼儿园课程游戏化"不是一种新课程的模式,而是一种理念和实践,幼儿园课程游戏化关注的是实践过程和实践成效。它应该是有目的、有计划地引导幼儿积极主动参与,能获得各种有益经验的活动。生活、学习和游戏在这里完美结合,既关

注幼儿应获得的系统的关键经验，又注重幼儿的天性和身心发展规律。幼儿篮球并不是简单照搬成人篮球简化规则后的活动、游戏，也不是机械练习篮球最基础的操控技能，而是以幼儿特有的天性，根据外部环境，利用身体的不同部位主动与小篮球互动，产生多样身体活动的方式。幼儿玩篮球游戏不仅是身体在运动，其思维也在运动。幼儿的篮球游戏活动中隐含了幼儿对篮球的情感与认知。幼儿通过参与篮球游戏活动将自己与周围的环境区分开来，并从中获得合乎这些物质环境和社会环境规则的认识以及对自己行为的认识。

可以玩的篮球，能让幼儿在玩乐中产生积极、愉悦的情感，流露出幼儿本真的积极主动、活泼好动的样态，让幼儿在篮球活动中，形成强烈的自主感、兴趣感和成功感。积极创新的幼儿篮球实践样态，必然有望使一些影响教育质量的问题得到初步扭转，比如，在以往的幼儿活动中过于依赖教师的讲解、过于强调集体教学、过于在意一致化行动的现象或可以得到明显改变。

当然，幼儿篮球游戏活动的创编过程中，并不是要把幼儿篮球变成游戏，也不是在教学、活动过程中简单地增加游戏分量，不是幼儿篮球与游戏的机械对接。

幼儿的生活是整体的、统一的，因此，幼儿园课程也应该是一个有机整体，课程的各个部分应该有机练习、相互渗透。在幼儿园众多课程中，幼儿篮球并不是一个孤立的存在，它与艺术类、健康类、社会类等其他幼儿课程可以形成良性互动，互相渗透，互相关联；它对幼儿生命成长的关照，自然也就不会局限于幼儿健康体魄的塑造，对幼儿的情感交流、语言表达、个性塑造、审美情趣等方面也产生潜移默化的积极影响。

《幼儿园教育指导纲要（试行）》将幼儿的教育内容划分为健康、语言、社会、科学、艺术五个领域；《3~6岁儿童学习与发展指南》又进一步细化了五大领域的实现目标。但它们始终是一个完整的系统，是有机联系的。对幼儿来说，学习就是生活，就是认识世界的过程。

三、幼儿篮球课程建设是体育强国建设中的应有之义

2019年颁布的《体育强国建设纲要》，既提出了积极探索中国特色"三大球"发展道路，又明确要求推进幼儿体育发展，引导建立幼儿体育课程体系。幼儿篮球之于新时代我国篮球事业的改革与发展以及构建庞大篮球人才培养与选拔体系的深远意义不言自明。

从更深层次来看，幼儿篮球还扩大了以儿童青少年为根基的篮球人口，不仅营造了良好的篮球氛围，提升了篮球运动影响力，更构建了篮球文化体系，改良了篮

球生态，兼顾了竞技篮球、大众篮球的双向健康发展。

面对新的机遇，幼儿篮球的发展应以幼儿课程体系建设与发展为着眼点，既满足幼儿成长的需求，又关照社会发展的需要，对幼儿篮球课程进行专业的设计、科学的考量，在丰富了我国幼儿体育课程理论与实践体系的同时，夯实我国篮球事业人才根基，厚植篮球人才培养，担负起我国体育强国建设的历史使命。

第三节　幼儿篮球发展挑战

教育兴则国家兴，教育强则国家强。党的十九大报告中，习近平总书记强调将包括"办好学前教育"在内的教育事业置于优先发展的地位，以此体现学前教育在实现教育强国建设中的重要地位。进入 21 世纪以来，在多学科的理论关照下，我国学前教育的课程呈现出创新变革的新局面，且获得了长足的提升与发展。但学前教育阶段，尤其是幼儿体育教育，依然存在现实的发展困境，比如：在幼儿身心发展方面，肥胖、近视检出率持续增长；幼儿协调性、柔韧性、下肢力量和爆发力素质有所下降。在学前教育办学质量方面，存在多元主体缺位、课程体系缺失、教学目标单一、专业人才不足、经费投入不足等情况。

一、教育理念功利化

我国学前教育阶段幼儿体育师资严重短缺的现实，促成了幼儿体育市场的跨越式发展。目前，国内部分开展幼儿篮球活动的幼儿园存在幼儿篮球课程两极分化的倾向。一种是为迎合家长的意愿，追逐幼儿在参与篮球活动后即可展现"眼见为实"的发展变化，从而使幼儿处于一种偏重教育型的、专业化的高结构课程模式和成人化的篮球专项技术训练中。而另一种则恰恰相反，出于家长对幼儿过度保护的观念，幼儿篮球活动从业人员在缺乏篮球专业素养的情况下，为降低安全隐患而控制幼儿参与篮球活动的强度和难度，无法为幼儿提供最近发展区内适宜的课程内容，使幼儿篮球课程成为偏重娱乐性的低结构课程。这两种教育理念都背离了游戏和教育的本质，"引导幼儿园、家庭重视和发挥篮球教育的多元价值，共同构建健康的篮球生态环境和篮球文化氛围"必然成为空谈，以游戏为基本活动，保教结合、寓教于乐的要求必然也难以有效落实。

二、课程目标单一化

课程目标是教育目的和价值得以实现的关键,但目前幼儿体育教育工作者对课程目标的定位不清晰,对教育价值的认识不科学、不深刻。在教学实践中,幼儿篮球课程更加偏重以掌握篮球技能为核心,缺乏对幼儿身心全面发展的提炼与升华,使得幼儿身体、认知、社会性的发展以及经验建构的综合教育过程目标设置形同虚设。以目前开展最为广泛的幼儿篮球活动方式之一的篮球操为例,作为一种固定动作的韵律操模式的篮球活动,篮球操能够为幼儿提供美育、乐感、身体素质和部分篮球基本技术的学习经验。虽然篮球操能够帮助幼儿掌握基本篮球技术,却忽略了篮球的游戏本质和真实情境,使幼儿只知其形而不知其意。体育是在运动文化的再现中传承的,而不能单纯地表现为运动技术和技能的学习。而这种课程目标单一化的教学模式将幼儿从游戏情境中剥离出来,模糊了篮球的内涵与文化意义,始终无法发挥篮球运动全部的功能和价值。

三、课程内容专业化

幼儿体育缺乏科学化、系统化的实践体系以及深入的学科基础理论研究成果,导致幼儿体育课程内容和形式缺乏科学依据或随意性较大。在幼儿篮球教学上,部分幼儿园照搬成人篮球运动技术进行教学和竞赛,采用灌输的方式,让幼儿机械地进行篮球技术的训练,以争胜的篮球竞赛为手段快速提升幼儿显性的发展变化,存在早期专业化的倾向。这个过程中,必然存在强化教师主导,忽视幼儿主体性的现象;存在强化课程内容的系统学习,忽视幼儿游戏的现象;存在幼儿的主体性受到限制,缺少自由、自主、创造及愉悦的游戏精神的现象;存在无视幼儿的身心发展特点而选择课程内容和实施方式等现象。长期进行与幼儿身心发展规律不符的篮球活动,易对幼儿的身体造成隐性伤害,同时影响幼儿的自信心和对篮球运动的兴趣,不利于终身体育意识的培养。

四、从业主体复杂化

我国幼儿体育、幼儿篮球市场需求急剧增加,但幼儿篮球活动指导师培养体系相对滞后,甚至连基础的行业规范与标准尚是空白一片。这种需求与供给之间的巨大缺口导致幼儿篮球从业群体的快速低质扩张,导致以下问题日益显现:首先,幼儿篮球活动从业人员中最主要的两类准专业人员为学前教育专业体育方向毕业生和普通体育教育专业毕业生。前者对篮球活动技能的掌握和篮球运动内涵的理解尚有明显不足，而后者对幼儿身心发展规律和年龄特征无法准确把握。其次，国内大量幼儿园存在幼儿篮球教学资源不足的办学局限，为解决这个问题，相当数量的幼儿园选择与社会培训机构合作办学，或者向培训机构购买幼儿篮球课程。这就引发出另一个较为显著的问题：社会培训机构出于运营收益考量和满足客户愿望需求，其开展的篮球教学活动主要以培养幼儿对篮球专项技能的掌握为主，而幼儿阶段过早的"专项化"对幼儿的全面发展不利，甚至可能导致幼儿感觉统合失调等长期隐性健康问题。第三，基于对利益的追逐和幼儿教育较低的门槛，大量的社会闲散资金急于涌入，急功近利的资本主体使得幼儿篮球培训市场纷繁芜杂、泥沙俱下。

五、资金投入欠缺化

在我国教育经费总支出中，学前教育经费所占比例一直很小，基本维持在 1.1%～1.4% 的水平，明显低于国际平均水平（3.8%）。进入 21 世纪以来，我国学前教育经费虽有一定增长，但其绝对数额仍然很小。

除了投入不足之外，学前教育经费在投入上还表现出明显的不公平。长期以来，学前教育经费主要投向了城市，国家公共财政对农村几乎没有投入，导致学前教育表现出明显的城乡差距，以至于出现了所谓的城市幼教"贵族化"，农村幼教"地摊化"的"冰火两重天"局面。当然，即便是在城市里，学前教育经费的流向也存在着不平衡现象。"示范园""一类园"等办园质量较好的园所得到了更多的经费投入，而一般园所，尤其是民办幼儿园很难得到财政拨款的支持。

经费投入的不足，致使很多幼儿园在提高保教水平，提升办学质量的工作中举步维艰。比如，园本课程的开发与建设、师资队伍的建设与继续培训、教学环境的创设与提升、幼儿活动场地设施的建设与购置、社会培训机构幼儿体育课程的购买等事项无一不受制于捉襟见肘的园所经费条件。这也派生了部分幼儿园收取"赞助费"的现象，导致"入园贵"一度成为社会关注的热点问题。

学前教育是一种社会公益事业，国家也在大力提倡普惠性幼儿园的建设（《国务院关于当前发展学前教育的若干意见》，2010 年），学前教育事业的发展离不开社会的关心和大力支持。学前教育是终身学习的开端，是国民教育体系的重要组成部分，是事关国民素质提升的物质基础。国家应积极研究出台社会捐资学前教育的激励机制与政策机制，激发社会团体和个人对捐资学前教育的热情。

第三章
幼儿身体发育特征与运动技能学习特点

第一节　不同阶段幼儿身体发育特征

身体成长是幼儿心理发展、社会发展的基础，探究幼儿生长发育规律，探寻幼儿不同阶段身体成长特点，能够有效帮助相关教育者，促进幼儿健康全面发展。

对幼儿来说，身体主要包括头、躯干和四肢。头可以转圈、摇晃，躯干和四肢配合，弯曲或伸直、旋转或翻滚、摆荡或摇动、蜷缩或伸展。每个动作的完成，需要关节和韧带的帮助。尊重幼儿身体成长的内在发展规律，结合幼儿生理机能水平，采用不同教育手段，可以更好地帮助幼儿感知身体成长变化。通过本体感受器接收来自身体内部的信息，通过本体感知建构身体图式，孩子能够知道自己身体的极限，从而发展对自己身体的认知。

一、身体成长的概念

身体发展（physical development），是随时间推移而发生的身体固有的、遗传的变化（如身高的变化）以及身体机能的变化。自成胎到身体停止生长发育遵循一个可预见的普遍模式：成胎至 2 岁是第一次加速期；2 岁至青春期前（9、10 岁）是生长平稳期；青春发育期是身体生长的第二次加速期。17 岁后身体生长速度减慢，直至停止。

身体发展存在性别差异。出生时，男孩一般比女孩长而重，但发展速率相差无几。女孩的青春发育期一般比男孩早 1~2 年，身高的增长于 19~23 岁停止；男孩身高发育时间较晚，但增长的幅度比女孩大。

二、幼儿期身体成长的划分

（一）幼儿的身体形态

身体形态指身体的外部形状和特征，主要包括体形、身体姿势、营养状况及身体成分等，反映了人体的生长发育水平。一般通过测量身高、体重、胸围、皮下组织等来考察身体形态发育水平，其中身高、体重、胸围是衡量身体形态最基本的三项发育指标。良好的身体素质的表现为体形匀称、姿势正确、营养状况良好等。

（二）幼儿的生理机能

生理机能是指人体在新陈代谢作用下，各器官系统工作的能力。其常见的衡量指标有脉搏、血压、肺活量等。脉搏是指心脏收缩时，由于输出血液的冲击引起动脉的跳动。通过测量脉搏频率，可以间接了解心脏的活动状况。血压是指血液在血管内流动时对血管壁产生的侧压力，它是反映心血管系统机能状态的重要指标。肺活量是指人体一次尽全力吸气后，再尽全力呼气时，所呼出的气体总量。它是反映呼吸机能的主要指标，也是反映人体生长发育水平的重要机能指标之一。

（三）幼儿的身体素质

身体素质是人体主要器官系统的功能在肌肉工作中的综合反映，表现一个人能有效活动的一种能力，包括力量、耐力、速度和柔韧性等。幼儿参与体育活动，是有效促进身体素质发展的过程，也是增强幼儿体质的过程。身体素质与基本活动能力之间是相互联系的，幼儿基本活动能力是幼儿身体素质发展水平的外部表现。例如，幼儿腿部力量发展到一定程度时，就会学会站、走等。提高幼儿身体素质，是发展其基本活动能力的基础。

三、幼儿身体发展的基本原则

一般来说，幼儿的身体发展是有可预期的发展顺序与阶段性变化的。儿童在学会站立之前，通常先学会坐；在学会走之前，先学会站；而在学会跑之前，先学会走。其他的特定能力，像是跑步、跳跃、掷和攀爬的发展，都是经由一系列子阶段的能力发展，到最后才进展成为成熟的自体技能。教师要有能力辨识这些发展的阶段，以便调整课程内容，使幼儿能有机会练习巩固这些技能，并且也有机会接受难度稍高的活动带来的挑战。

幼儿的基本动作发展则是依循着从头到尾的原则，该原则指幼儿的发展先从控制头部和肩部开始，再学会控制手部和脚部。如果你回想小婴儿在他们能够站起来和行走之前，早就会坐起来以及操作玩具，你就会发现这是一项容易记住的原则。简单来说，在幼儿能够掌握正确的跳跃或踢腿技巧之前，他们便已能够伸手抓握及有技巧地使用他们的双手了。因此，学龄前的课程应该依此原则加以适当的规划。具体来说，就是要依循从大肌肉到小肌肉的原则，大肌肉的活动包括静态的平衡、动态的精确性以及整个身体的协调性和弹性。小肌肉的活动包括手指的速度、手臂的稳健度、手臂和手部的精确性以及手指和手部的灵活度。发展经由大肌肉到小肌肉控制，表示幼儿先学会控制他们的大肌肉，然后逐渐学习控制精细的肌肉群。因此一个幼儿是先能够行走，之后才能用小型塑料积木在桌面上搭小房子。

这项发展原则对幼儿教师的启示是：学龄前的幼儿需要有充分的机会去使用他的大肌肉，去从事需要旺盛精力的身体游戏。同时由于精细肌肉、手眼协调技能也是在这个时期发展的，因此需要组织和安排一些活动去刺激幼儿练习这些技巧。

四、幼儿期身体成长的重要意义

身体成长发育是一个重要的生命现象，它开始于精子与卵子的结合，终止于青春期结束。生长是伴随着细胞数量的不断增加、细胞的增大以及细胞间物质的增多，表现为组织、器官、身体各个部分、全身大小、重量及身体化学成分的变化。儿童与成人的根本区别就在于他们处于不断的生长发育过程中，就像高楼打地基一样，地基越牢固，楼层才能建得越高越结实。在生长过程的任何一个时期出现异常，都会影响部分或整个身体，这种损害有时是暂时的，可以逆转，有时则是永久的。因此，幼儿身体成长发育不仅是父母关心的事情，也是医生、儿童保健工作者以及全社会都非常关心的问题。

第二节　幼儿身体发育特点

身体发育是指组织器官的结构与功能，从简单到复杂，从低级到高级的分化演变过程，幼儿身体发育是按照一个可以预期的顺序进行的，它比较严格地受到时间的制约。儿童身体发育有两个快速期，或称两个高峰期，第一个发育高峰期的年龄是 0～2 岁。第一年发育速度最迅速，身高比出生时增长 50%，体重达到出生时的两倍。第二年与第一年末相比，身高增长约 10 cm，体重增加 3～3.5 公斤。2～10 岁儿童的身体发育保持相对平稳的速度，其间，2～5 岁比 5～12 岁发展速度要快一些。第二个发育高峰期的年龄是 11～13 岁（女）或 13～15 岁（男），这个年龄阶段属于青春发育期。这个时期身高每年增长的平均值为 6～7 cm，体重每年增加的平均量为 4～5 公斤。

一、幼儿身体系统的发育

人体是由细胞构成的，细胞构成了组织，组织构成了器官，器官构成了系统，系统构成了人体。细胞是构成人体形态结构和功能的基本单位。形态相似和功能相

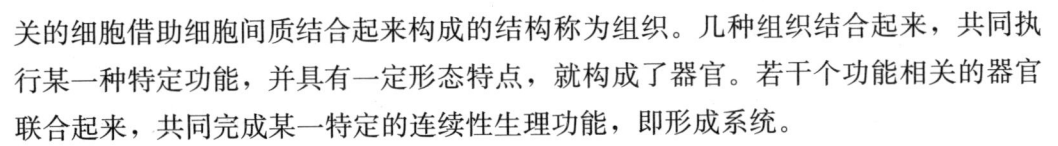

关的细胞借助细胞间质结合起来构成的结构称为组织。几种组织结合起来，共同执行某一种特定功能，并具有一定形态特点，就构成了器官。若干个功能相关的器官联合起来，共同完成某一特定的连续性生理功能，即形成系统。

幼儿阶段是人体成长发育的重要阶段。这一阶段的身体发展是在机体各系统联合作用下进行的，遵循身体系统内部、外部的整体性与个别性发育规律。下文主要从运动系统、神经系统、循环系统、呼吸系统等方面进行分析和概述，总结幼儿身体系统发育的规律和特点。

二、幼儿身体系统发育的特点

身体发展遵循"头尾原则"和"近远原则"。头尾原则：头尾原则是指从上到下的发展顺序，儿童身体的发展严格地遵循着头＋颈—躯干—下肢的次序进行。近远原则：近远原则是指从中轴向外围的发展顺序，儿童运动的发展顺序是从躯干开始向四肢，再向手和脚，最后达到手指和脚趾的小肌肉运动。

（一）运动系统发育特点

3～6岁幼儿运动系统由骨、骨连结、骨骼肌三部分组成，骨骼具有保护心脏的作用，骨与骨的连结为骨连结，骨骼肌附着在骨骼上受神经所支配。

1. 骨骼生长发育特点

随着年龄的增加，幼儿骨骼不断加长、加粗，长骨两头的软骨在发育，使长度增加的同时，不断钙化，使骨头变得坚硬。腕骨在出生时全部为软骨，随着年龄的增加逐渐钙化，在10岁左右才能完成全部钙化过程，女童一般比男童要早完成2年。掌指骨钙化时间较长，所以幼儿手劲较小，对精细动作的学习和控制比较困难。髋骨是幼儿骨盆的核心部分，而幼儿髋骨有别于成人，不是一块完整的骨头，是由髂骨、坐骨和趾骨三块骨头通过软骨连在一起，一般要到20～25岁才完全愈合成为一块完整的骨头。3～6岁幼儿骨骼中，有机物与无机物的比例，相对成人要高，因此幼儿的骨头犹如鲜嫩青枝，易被弯曲、但不易折断，成人的骨头好比树枝，较为坚硬、不易弯曲。

2. 骨骼肌生长发育特点

幼儿骨骼肌细胞纤细，间质相对较多，肌腱宽而短；肌肉中水分多，蛋白质、脂肪及无机盐的比例较低，所以幼儿在运动时骨骼肌易疲劳和受到损伤；但幼儿的新陈代谢旺盛、氧气供应充分，疲劳恢复较成人快。幼儿全身大肌肉群和小肌肉群发育的早晚时间不同，这一时期大肌肉发育早，小肌肉发育晚，幼儿能够完成大肌肉主导的跑跳等动作，但手部小肌肉控制的直线绘图却很困难，大约到6岁时，手部肌肉才开始发育，可以做一些较为精细的工作，但时间不宜过长，否则容易疲劳。

3. 关节的生长发育特点

3～6岁幼儿关节囊比较松弛，关节周围的韧带不够结实，关节的牢固性较差，且关节的伸展性和活动范围均大于成人，所以不适当的运动安排容易导致关节脱臼。幼儿在掌握站立或行走动作以后逐渐形成脚弓，但由于骨化未完成，足底的肌肉、肌腱和韧带发育不够完善，若运动量较大，容易造成扁足平。所以，幼儿在完成跑步动作练习时，对跑动的距离有所要求，一般直线加速跑步的距离：3～4岁幼儿为5～8米，4～5岁为6～9米，5～6岁为10米左右。

3～6岁阶段幼儿骨骼发育速度要远高于肌肉。幼儿在生活或运动时的动作表达，是以关节为枢纽、骨骼为杠杆、肌肉为动力输出，但由于肌肉与骨骼的发育差异，幼儿动作表达是费力杠杆，因此幼儿阶段不是发展肌肉力量素质的敏感期。

（二）神经系统发育特点

人的神经系统发育迅速，妊娠3个月后胎儿的神经系统已基本成形，出生前半年至出生后一年是脑细胞数目增长的重要阶段；一岁以后脑细胞数目不再增加，但脑细胞的突起却由短变长、由少变多，脑细胞犹如一棵小树苗，逐渐生长成枝繁叶茂的大树。新生儿脑重量约350克，1岁时为950克，而在6岁时为1200克，基本接近成人的脑重量。3～6岁幼儿随年龄的增长，髓鞘逐渐形成，髓鞘包裹在某些神经突起的外面，类似电线的绝缘外皮。其中髓鞘基因调控因子——MRF，对幼儿少突触神经胶质细胞的完全发育具有重要作用，能够诱导中枢神经系统控制髓鞘形成的基因表达；同时，MRF是一个重要的转录调控因子，它是少突触神经胶质细胞发育和中枢神经系统髓鞘形成的必要因素。总之，它的大量出现可以使幼儿的动作表达更加迅速和准确。幼儿期运动系统中，神经系统是最先、最早发育的，幼儿动作表达的准确度、灵敏和速度素质发展，主要由神经系统所影响。所以3～6岁阶段，是幼儿动作发展关键阶段，也是快速灵敏素质发展敏感期。

（三）循环系统发育特点

幼儿循环系统是一个密闭的、连续性的管道系统，由心脏、动脉、静脉和毛细血管所组成。幼儿心肌薄弱，心脏容量小，机体为满足新陈代谢的需要，只有加快心率来补偿。年龄越小，心率越快，3～4岁幼儿心率为105次/分、4～5岁幼儿为100次/分、5～6岁为95次/分，而成人则一般为60～75次/分。正常成年人的血量约占体重的7%～8%，每公斤体重约有70～80毫升血液，幼儿每公斤体重的血量约为85毫升，较成人略多，年龄越小相对值越大。所以幼儿在进行身体活动时，心率应高于各年龄段幼儿的正常心率区间，这样才能保证活动的效果和科学性。

(四) 呼吸系统发育特点

幼儿呼吸系统由呼吸道和肺组成。呼吸系统是执行机体和外界进行气体交换的器官总称，主要功能是完成机体与外界的气体交换。幼儿呼吸器官较为娇嫩，喉咙狭窄，发炎时通道易被阻塞；声带不够坚韧，易充血、肿胀变厚，造成声音嘶哑；鼻腔、气管及支气管非常容易感染，且发病后症状较重；肺泡的数量少，容量小。幼儿呼吸的特点是浅而快，由于胸腔发育不够完善、呼吸肌发育差，所以幼儿大都采用腹式呼吸。但是幼儿机体代谢旺盛、需氧量多，为获得充足的氧气供应，需要加快呼吸的频率来补偿。幼儿年龄越小，呼吸越快，3~6岁幼儿每分钟可呼吸22次。所以在指导幼儿进行身体活动的过程中，教师或指导员应根据幼儿呼吸的特点，提示幼儿以腹式呼吸为主导进行呼吸。

三、影响幼儿身体发育的因素

幼儿的生长发育是先天因素和后天因素相互作用的结果，也是机体在外界环境中，遗传性和适应性矛盾统一的过程。遗传决定机体发育的可能范围，而环境、教育则影响遗传潜力的发挥，从而决定发育的速度及达到的程度。因此，我们要通过研究影响幼儿生长发育的各种因素，充分发挥有利于幼儿健康成长的因素，尽可能地消除和克服不利因素，使幼儿健康成长。

(一) 遗传因素

遗传在幼儿生长发育中的作用应当予以肯定。什么是遗传呢？遗传是指子代和亲代之间在形态结构和生理功能上的相似。幼儿生长发育的特征、潜力、趋向、限度等都受父母双方遗传因素的影响。早在胚胎期，受精卵中来自父母双方各种基因的不同组合，就决定了个体出生后的各种遗传性状。通过各种方式的基因传递，子代可以显现亲代的各种形态、功能、性状和心理素质等方面的特征，这就是个体的生长潜力。但是，这种潜力能否充分发挥，却受到环境因素的制约。

遗传学的观点认为，一切人体的外在表现都是遗传因素和环境因素相互作用的结果。人类只有少数性状一经形成就不再受环境的影响，但多数性状在不同程度上均受环境的影响而发生变异。有的性状以遗传为主，有的以环境因素为主，有的两者作用几乎相等。为了估计遗传和环境对某一性状表现所起作用的相对比重，就要计算这种性状的遗传度。

(二) 后天因素

1. 营养

影响生长最重要的环境因素是营养，幼儿处于迅速生长的阶段，身体必须摄取足够量的蛋白质、碳水化合物、脂肪、矿物质、维生素与水。如在生长过程中缺乏足够的基本营养素，身高的发育将不完全，也可能因此造成慢性营养不良，延迟青春期甚至产生严重疾病，如软骨病及维生素C缺乏病（坏血病）。但儿童的生长发育不仅需要充足的营养素供给作为物质基础，而且营养素比例应当恰当，生长潜能才能得到最好发挥。营养丰富且平衡的膳食能促进生长发育；反之，营养缺乏的膳食不仅会影响发育，而且会导致疾病。长期营养不良，则会影响骨骼的增长，致使身体矮小。

2. 体育锻炼

体育锻炼是影响婴幼儿生长发育的因素之一，加强体育锻炼可以促进新陈代谢。适宜的锻炼可以增强幼儿体质，提高健康水平，减少疾病。对于运动系统来说，塑造一个动态的生活形态，有助于强壮骨骼与肌肉的发展。长期不运动，将容易引发骨骼的脱钙现象；骨矿物质流失，会造成骨骼脆弱、断裂及其他并发症。规律的运动不仅可以增加骨密度，提升骨骼抵抗压力及伤害的能力；而且可以强化肌肉组织，增加肌肉质量，降低体脂肪储存量。

对于心血管系统来说，体育锻炼能促进心血管系统的发育，增加心脏代谢，促进血液循环。对于呼吸系统来说，人体在运动时会产生二氧化碳，刺激呼吸中枢，使得呼吸加快，促进二氧化碳的排出以及氧气的吸入。对于神经系统来说，体育锻炼可以帮助幼儿掌握多项技能，促进身体的协调运动，提高运动能力和技术水平，增强抵抗力，起到健身的作用。经常参加体育锻炼的婴幼儿，他们的身高、体重、胸围都可以达到一个理想的状态，而且精神更饱满，心情更愉快，体质也较好。因此，婴幼儿有必要进行适量的体育锻炼，以促进生长发育。

3. 生活制度

良好的环境、合理的生活制度是婴幼儿健康成长的要素之一。良好的环境指的是充足的阳光、新鲜的空气、安全的场地。合理的生活制度指饮食、睡眠、游戏，以及户外活动时间都是相对固定的。这样合理的生活方式能够保证大脑皮层兴奋和抑制有规律地轮换，劳逸结合，保证婴幼儿机体的新陈代谢。所以教养者应该制定科学、合理的生活制度并长期执行，培养婴幼儿良好的生活习惯，促进生长发育。

4. 疾病因素

疾病对婴幼儿生长发育的影响，不仅包括婴幼儿自身的疾病，母亲在孕期内的疾病也会对婴幼儿的生长发育产生一定的影响。婴幼儿自身的疾病无论是急性病还是慢性疾病都会对其生长发育产生直接的影响，其影响程度取决于疾病的严重程度、病程的长短等。如佝偻病影响骨骼的发育，贫血使生长发育延迟，消化道疾病干扰正常的消化吸收。任何疾病都会对婴幼儿的健康成长造成威胁，所以要加强对婴幼儿的照料和看护。

5. 地理与气候

某些地理环境因素，如气候、地理位置与高度，似乎也能影响人的生长形态。热带地区的人体格较为矮小，寒冷区域的人体型较为高大；不同区域的饮食习惯、运动方式及基因遗传也是影响人的生长形态的因素之一。

第三节　不同阶段幼儿体适能发展重点

体适能通常是指人体所具备的有充沛的精力从事日常工作学习而不感到疲劳，同时可以有足够的精力享受休闲娱乐活动带来的乐趣，具备适应和调整自己应对突发事件的能力。幼儿体适能是指幼儿身体适应日常生活、休闲娱乐和运动所具备的能力，主要包含与健康相关的四个部分——心肺耐力、肌肉力量、力量耐力、身体成分，以及与技能相关的五个部分——速度、灵敏、平衡、协调、爆发力。

在个体的成长过程中，体适能的发展随着年龄增长存在一定的阶段性和差异性。幼儿体适能发展的阶段性是指根据幼儿的生理发育和认知发展状况，体适能发展可分为快速增长期、增长期和停滞期。差异性是指在体适能的组成因素中，不同体适能发展因素的发展速度各不相同。把握幼儿体适能的发展规律，合理安排活动内容、运动强度、运动负荷，能够为幼儿日后的发展奠定良好的身体素质和技能学习基础。

一、不同阶段健康体适能发展

（一）健康体适能

1. 心肺耐力

心肺耐力是机体在持续的身体活动中为骨骼肌提供氧气的能力，是反映个体心、肺、血管及组织细胞有氧能力的综合指标。3~6岁的幼儿呼吸肌力较弱，新陈代谢旺盛，呼吸频率较快，呼吸调节功能不完善，在运动时主要靠增加呼吸频率来增加通气量，容易产生疲劳。因此幼儿不宜进行强度较大、持续时间较长的运动。在幼儿3~5岁期间，要注意发展其呼吸功能，教育幼儿在平时用鼻呼吸，在运动时，采用口鼻呼吸。在养成正确的呼吸习惯之后，再进行能够提高幼儿有氧代谢能力的运动，如游泳、跑步和篮球等，增大幼儿的肺活量，提高呼吸功能。

2. 肌肉力量

肌肉力量是人体对抗阻力的能力，是速度、耐力和柔韧等身体要素的基础。幼儿时期软骨成分较多，水分和有机物质多，无机盐（碳酸钙、磷酸钙）少，骨富于弹性而坚固不足，不宜进行肌肉力量的训练。在幼儿3～5岁期间，应避免高强度的力量活动，着重培养幼儿身体姿势和发力顺序，如跑步时的摆臂、跳跃时的起跳与腾空等。在养成正确的发力方式之后，可以进行柔韧练习和高频率、小强度的力量练习，如沙地里的跳跃、泳池内的蹲起等不会对幼儿关节造成损害的力量练习。

3. 力量耐力

力量耐力是指肌肉收缩所能持续的时间或者肌肉在一定时间、负荷内所能收缩的次数。依据幼儿的生理发育规律、解剖特征、认知能力的发展情况，3～6岁幼儿不宜进行发展肌肉耐力的练习和活动内容。因此，在幼儿体育指导和活动安排时，教练员或者幼儿教师要摘除与力量耐力有关的活动安排，以免对幼儿身体形态、生理发育等造成影响和损害。

4. 身体成分

身体成分是指人体内脂肪和非脂肪组织在总体中的重量或比例，是反映人体肥胖情况、评定身体素质和训练效果的一项生理指标，能够衡量幼儿生长发育状况和水平，在体格发育与健康的关联中处于关键的中介地位。生命早期的身体成分发育不仅影响当下，还对终身健康产生至关重要的影响。目前，我国居民膳食水平大幅提高，静坐少动的生活方式普遍存在，家长对幼儿营养健康的认识不足，导致超重肥胖幼儿人数持续增长。因此，要注意养成幼儿健康的生活方式。在生活方面，家长和教师要注意带动和激发幼儿的运动兴趣，培养运动习惯，形成健康意识。在饮食方面，注意微量元素的补充，减少高热量、高糖食物和碳酸饮料的摄入，以保障幼儿的身体发育。

（二）与技能有关的体适能

1. 速度

速度素质是人体进行快速运动的能力或在最短时间内完成某种运动的能力。按其在运动中的表现可以分为反应速度、动作速度和周期性运动的位移速度三种形式。肌肉力量是速度素质的基础，柔韧性是肌肉力量和速度素质的中介，同时，3～6岁也是发展幼儿柔韧性的黄金时期。因此在这一期间，发展幼儿的速度素质要以发展柔韧性为核心，可选择有氧体操、舞蹈、普拉提等与动作速度结合发展幼儿的柔韧性。5～6岁的幼儿具备一定的柔韧基础和肌肉力量之后，可以进行短时间的周期性速度练习，如跑步、游泳等运动。

2. 灵敏

灵敏是运动者迅速改变体位、转换动作和随机应变的能力。其特点是当环境发生突然改变时，能够使人随机应变地完成动作，并且创造新的动作，以适应新的突变条件。灵敏素质是反应能力、认知能力、身体姿势控制能力、动作转换能力的综合体现。在幼儿3~5岁阶段，灵敏素质的练习主要以各部位的灵敏素质练习为主，如跳绳、拍球等。5~6岁的儿童具备了一定的动作认知和运动基础之后，可以在灵敏素质练习时结合跑步、跳跃等全身参与的素质练习。可选择行进间的运球练习，改变身体姿势躲避海绵球，爬矮墙、越过障碍物等发展幼儿的灵敏素质。

3. 平衡

平衡能力是身体所处的一种姿势以及在运动或受到外力作用时身体能够自动调整并维持姿势的能力，平衡能力分动态平衡和静止平衡。良好的平衡能力不仅有利于运动能力的提高，还可以预防运动损伤的发生。3~6岁幼儿处于动作发展的关键时期，3~5岁间主要发展幼儿的静态平衡能力，静态平衡能力并不是长时间保持某一姿势的能力，而是在外界条件变化时身体的控制能力，发展静态平衡能力时可选择四角秋千、旋转木马等。5~6岁的幼儿可选择体操、球类运动、投掷类运动等项目来发展自身的平衡能力。

4. 协调

协调是指人体在运动过程中身体各器官、系统在时间和空间上相互配合完成动作的能力。协调能力贯穿于一切运动的始终。在3~4岁期间，幼儿各器官、系统的配合还不熟练，无法进行需要全身参与的技能练习。4~6岁期间，要循序渐进发展协调能力，由简单动作向复杂动作逐渐过渡，不断发展幼儿协调能力。

5. 爆发力

爆发力是指肌肉在短时间内收缩产生力量的能力。幼儿肌肉收缩的有效成分较少、收缩能力较差、易疲劳，不能进行专业的爆发性力量练习，但是可以选择短时间的快速运动来提高幼儿的大脑皮质兴奋度和机体无氧供能能力来为儿童日后的力量练习打下牢固基础。

（三）幼儿体能发展的一般规律

体能是指从事身体活动时表现出的能力。在身体素质方面包括运动力量、速度、敏捷性、协调性、柔韧性、耐力等，还涉及走、跑、跳、投掷、攀爬等运动的技能。学前儿童体能的发展是促进其身体各系统正常发育的基础，其动作发育遵循以下规律。

(1) 由上至下或由头至尾。

(2) 由近到远。

(3) 由不协调到协调,由泛化到集中。

(4) 由粗动作到精细动作。

(5) 先会正向动作,后有反面动作。如先会抓东西,后才能放下东西;先会向前走,然后才会向后退等。

运动发育的进程分为大运动(包括平衡)和精细运动。大运动是指学前儿童的姿势或全身活动,例如抬头、翻身、坐、爬、站、走与跳等。精细运动主要是手指精细运动的发育,例如新生儿的握持反射(紧握拳)、摆弄小物体和捏敲等探索性动作。概括来说,学前儿童动作功能发展的顺序为:姿势摆位(主要发展时期为0～2岁)、粗大动作(主要发展时期为2～4岁)、精细动作(主要发展时期为4～8岁)、技巧技能(主要发展时期为5岁以后),具体如表3-1所示。

表3-1 学前儿童粗细动作的发育过程

年龄	粗细动作
新生儿	无规律、不协调动作,紧握拳(握持反射)
2个月	直立位及仰卧位时能抬头
3个月	仰卧位变为卧位,用于摸东西
4个月	由成年人扶着髋部时能坐,可以在俯卧位时用两手支持抬起胸部,手能握持玩具
5个月	由成年人扶腋下能站直,两手各握一玩具
6个月	能独坐一会儿,用手摇玩具
7个月	会翻身,自己独坐很久,将玩具从一手换入另一手
8个月	会爬,会自己坐起来、躺下去,会扶着栏杆站起来,会拍手
9个月	试着站,会从抽屉中取出玩具
10～11个月	能独立站立片刻,扶椅或学步车能走几步,拇指、食指对指拿东西
12个月	独走,弯腰拾东西,会将圆圈套在木棍上
15个月	走得好,能蹲着玩,能叠一块积木
18个月	能爬台阶,有目标地扔皮球
2岁	能双脚跳,手的动作更准确,会用勺子吃饭
3岁	能跑,会骑三轮车,会洗手、洗脸、脱或穿简单衣服
4岁	能爬梯子,会穿鞋
5岁	能单腿跳,会系鞋带
6～7岁	参加简单劳动,如扫地、擦桌子、剪纸、泥塑、结绳等

资料来源:洪黛玲,张玉兰. 儿科护理学[M]. 2版. 北京:北京大学医学出版社,2008。

学前儿童进行各种运动可以为他们提供大量的知觉动作经验，促进姿势与动作的发展与成熟，并奠定未来生理成长与功能发展的基础。学前儿童体能训练的重点应放在基础姿势和粗动作的发展上，注重量而不要追求质，即保证运动的时间和适当的强度，不必要求多高的技能和技巧，达到提高体能及整体的身体素质就行了。在走、跑、跳、踢、蹬、投、抛、拍击、推拉、爬行等各种运动中发展学前儿童体能及动作的协调性，也可以借助运动或玩具器械，如小皮球、小足球、跳绳、皮筋、哑铃、呼啦圈、小三轮车等。需要注意的是，不论何种方式的运动都要遵守学前儿童体能发展的顺序。每一阶段的发展都在为下一阶段打基础，只有基础扎实了，身体素质才能循序渐进得到提高。

第四节　不同阶段幼儿运动技能学习的特点

幼儿期是个体运动技能学习的关键阶段，对于幼儿的身体发育、智力和心理健康都有着至关重要的影响。由于不同阶段幼儿的生理和心理特点不同，其运动技能学习也会呈现出不同的特点。

一、不同幼儿运动技能学习的特点

在2~3岁阶段，幼儿身体机能尚未得到完全发展，主要表现为部分肌肉群弱化或者功能未实现。幼儿在这个时期需要依靠成人照顾和保护，因此自主活动范围小，对外界刺激反应较弱。但是，这个时期的幼儿已经开始探索自己的身体，并且随着日常生活的丰富多彩，他们逐渐学会一些简单的动作并适应重力环境。因此在这个时期，教育者可以通过给孩子提供一些安全又舒适的运动环境来促进他们身体发育。

在3~4岁阶段，幼儿身体机能得以进一步发展。此时幼儿已经可以独立地在未知环境中跑动和跳跃。这个时期的幼儿好奇心强，对周围环境充满好奇，喜欢探索和尝试新鲜事物。他们需要不断地进行活动来增强体力和耐力。教育者可以通过引导幼儿自由探索、开展有益于身体发育的活动来培养幼儿的运动技能。

在4~5岁阶段，幼儿已经进入了社会化关系更为复杂和多元化的阶段。这个时期的幼儿身体协调性得到了提高，并且开始对各种形式的社会交往、游戏和学习感兴趣。在这个时候，孩子们的肌肉力量逐渐增强，有利于进行更艰难、更具挑战性的活动。此时幼儿应当参与到更加具体的运动中去，如基础球类运动、跑步等。同时，应当加强他们对规则及教练指令等相关知识技能的学习。

在5~6岁阶段，幼儿已经开始拥有较为完备的身体机能结构，初步实现身心平衡状态。此时，他们通常表现出竞争的倾向，喜欢追求快乐和成就感。因此，在这个时期，教育者可以提供更加复杂的运动学习任务，鼓励幼儿参与到各种基础的竞技运动项目中去，主要是团体协作比赛和个人能力表现的竞技活动。由于幼儿年龄增长和运动技能提高，幼儿可以自我控制去尝试不同类型的运动技巧，并在遇到挑战时坚持不放弃。同时，由于运动爱好和兴趣的形成，以及在运动过程中取得的一些成就感，幼儿逐渐建立起积极、自信、良好的心态。

二、幼儿运动技能学习的需求

（一）适宜性

幼儿运动技能的学习应该与儿童的兴趣、需求和能力相契合。在指导幼儿运动技能的过程中应该提供和幼儿运动需求相符合的环境，给予他们无拘束地发展运动的机会。幼儿运动技能发展需要依据其年龄和发展水平，将技能分为不同等级，一步一步地引导幼儿完成从基本到高难度的动作。

（二）差异性

幼儿运动技能学习的差异性是指幼儿在生理、心理、身体能力和发展水平等方面存在着个体差异，在对幼儿进行运动技能指导时要根据每个幼儿的身体素质水平设计不同难度的动作和练习计划。对于一些身体素质好或者天赋出众的幼儿可以适当增加一些挑战；而对于身体素质较弱或者畏惧挑战的幼儿，则需要适当地降低难度。

（三）趣味性

幼儿运动技能学习的目的并不是打磨技术、提高技能水平，而是通过营造和谐、愉快的运动技能学习氛围，使幼儿体验运动的乐趣，培养幼儿运动技能学习兴趣，养成参加体育锻炼的习惯。在进行动作技能指导时可以穿插能够激发幼儿学习动力的要素（角色扮演、环境导入），让儿童在游戏中学习运动技能。

（四）全面化

全面化是指幼儿运动技能的学习要以促进幼儿身心全面发展为总抓手。技能学习目标、学习内容、指导手段、场地设施器材等都要在保障幼儿安全的前提下增强幼儿体质、增进健康；让儿童在运动中收获友谊、获得快乐，培养幼儿的社会意识和社会规范；为幼儿的幸福生活和健康发展奠定基础，为我国全面协调可持续发展助力。

三、幼儿球类运动技能的基本发展

在学会拍球、传接球的基本运动技能后，学前儿童可进一步通过球类技能锻炼提高其球类技术。学前儿童可学习的球类技术包括扑接球、托球、踢球、扣球、拍球、曲线运球接力等。学前儿童的球类技能和机体约束、环境约束及相关的任务约束有关。其水平可能还会受教育环境的影响。

1. 球类运动技能发展的总目标

幼儿球类运动技能发展的目标是：掌握粗浅的球类运动知识和发展玩球的基本技术动作，提高球类动作技能。初步学会拍球、传球、接球的要点，较熟练地掌握左右手移动拍球、胸前传球等动作，并能左右手分别连续拍球10～30次以上。近年提出的"全脑型体育模式"研究表明，运动时采用左、右两侧（手、脚等）共同协调发展的锻炼方式效果更为明显，有利于全面发展学前儿童的灵敏性、协调性等身体素质，提高身体的协调性和动作的准确性，发展方位感、速度感、力度和节奏知觉感，提高控制能力、注意力、判断力、模仿力和创新能力。同时，有利于培养学前儿童竞争、交往、与他人合作等优良意识和品质。

2. 球类技能的发展特点

（1）小班：以两手滚球、两手抛球、原地拍球和两手反弹球为主要练习内容。小班幼儿能初步掌握拍球，双手接滚来的或从高处落下的、速度不快、方向位于正位的球，但是出手接球会由于时间掌握不准确，不能接困难球，如方向不正或速度较快的球，接球方向常常会判断错误。小班幼儿能学会滚球、抛球、定位踢球，但是动作不准确、力量小、协调性差。

（2）中班：以两手滚接球、抛接球、原地变化拍球、直线运球、原地踢球为主要练习内容。中班幼儿能初步掌握双手胸前传接球、传接反弹球、踢滚动的球等较为复杂的玩球动作，玩球的力量、协调性、准确性都有很大的提高。

（3）大班：以单手滚接球、各种抛接球、两手接反弹球、投准、曲线运球、踢慢速滚动球、跳起打击空中固定球为主要练习内容。大班幼儿通过系统地学习玩球技术，已经能掌握较为复杂的运球、踢球、扣球、拍球、曲线运球接力等能力，投篮和踢球的正确率有所提高。

3. 不同的球类练习方式

球类活动是学前儿童最喜爱的一类活动，由于小球具有弹性和滚动性，通过扑接球、托球、踢球、扣球、原地拍球、行进间拍球、曲线运球接力等基本球技活动和小球游戏活动可以引导学前儿童积极奔跑、灵活变向、主动发力，从而发展学前儿童走、跑、跳、投等各种基本动作技能，还能提高学前儿童手腕小肌肉群的控制能力、手眼协调能力、注意力和目测力等。多人组合玩耍时可以培养学前儿童竞争性、敢于拼搏等优良品质，这对学前儿童身心素质发展有积极的意义。

第五节　不同阶段幼儿开展篮球运动的侧重与安排

篮球作为普及程度极高的球类运动，因其活动内容丰富、可根据参与条件的变化灵活调节活动方式等特点，与儿童身体健康的基础发展相契合。伴随着中国篮协推出的小型篮球比赛"Mini Basketball"（小篮球）项目，并通过简化规则、降低篮筐高度和采用小号篮球等方法，更多的孩子都能够轻松上手参与篮球运动。具有趣味性、多功能性的幼儿篮球活动可以有效激发幼儿的运动兴趣，对发展幼儿的整体素质具有独特的作用。在幼儿篮球活动指导中，要根据不同阶段幼儿的生长发育、认知能力、身体素质等发展状况确定不同的活动目标、活动内容、指导手段等。表3-2是3～6岁幼儿篮球发展目标。幼儿在不同阶段开展篮球活动的侧重与安排详见下文。

一、3～4岁开展篮球活动的侧重与安排

这一时期的幼儿已经具备了基本的运动能力，能够单独地在开放空间进行基本的走、跑、跳等活动。但由于其技能学习能力、认知能力还处于个体的启蒙阶段，不能进行复杂的、全身参与的运动，所以在此期间幼儿篮球活动的开展应以直观的、原地的、身体部位参与少的篮球运动形式（捡球、左右滚球、原地单手和双手运球等）为主，以培养幼儿的基础球性。同时，教师、父母在与幼儿的互动和游戏中以篮球为中介，应防止幼儿在刚接触篮球或被篮球打到之后产生畏惧心理而远离篮球。在游戏选择时，以目标为导向激发幼儿参与篮球活动的兴趣。如，在左右滚球时碰到对应的区域或物体，拍球练习时给幼儿设定能够轻易达到的次数并及时给予鼓励来获取成就感。

二、4~5岁开展篮球活动的侧重与安排

随着机体的发育和运动能力的发展,4~5岁年龄阶段的幼儿已经具备基本的社会意识、认知能力和动作基础。在此期间,幼儿可以进行一些较为复杂的和行进间的篮球动作练习,如投篮、行进间的左右换手运球、行进间的传球等;学习一些篮球运动基本规则,培养篮球运动的意识。游戏的设置和选择,应聚焦于情景导入、角色扮演等,使幼儿能够在短时间内高效地进行篮球技能学习。

三、5~6岁开展篮球活动的侧重与安排

随着认知能力的发展和社会意识的养成,这一年龄阶段的儿童已具备了竞争和比较意识,可通过简化游戏规则(参考篮协《小篮球竞赛规则》)、降低篮筐高度等开展幼儿篮球竞赛。在竞赛过程中要鼓励和提醒儿童遵守游戏规范,培养幼儿的团队协作能力、人际交往能力和体育道德规范;培养幼儿面对失败的抗挫折能力和顽强刻苦的精神。在篮球技能方面,要求儿童熟练地掌握运球动作、行进间急停之后的接球投篮和基本的技战术意识,让幼儿在竞赛中享受篮球的快乐,在快乐中促进技能发展。

表 3-2　3~6岁幼儿篮球发展目标

年龄	技能发展目标	心理发展目标
3~4岁	1. 学习滚小篮球(左右滚球、多人滚球、单人滚球) 2. 掌握原地双手拍小篮球的基本动作;尝试单手拍球 3. 抛起小篮球,有目的地扔给自己身边的人	1. 接触篮球,大胆尝试篮球基本动作 2. 被篮球碰到或者砸到之后不会哭泣 3. 善于与家庭人员或者同伴分享篮球
4~5岁	1. 熟练掌握单手拍球,并且能够跟随音乐节奏改变拍球速率 2. 学习和掌握左右手交替拍球,能够根据障碍筒位置进行左右手交替拍球 3. 行进间的单手运球和左右交替运球 4. 掌握投篮技术动作的发力顺序,降低篮筐高度,自我练习投篮 5. 学会抛接球与传球	1. 具备一定的规则意识、运动规范和团队精神 2. 对篮球运动产生兴趣,能够自发地甚至带动身边人参与篮球活动和观看篮球比赛 3. 具备探究意识和探索精神,了解动作的作用和使用时机
5~6岁	1. 能够在行进间遇到障碍物时运用换手、胯下、背后、转身等动作过掉障碍物 2. 掌握篮球的基本规则、了解基本的篮球技战术 3. 熟练地掌握行进间传球、接球投篮、行进间的接球投篮等动作 4. 能够在运球时根据外界环境的变化,改变自己的身体姿势和运球动作 5. 具备基本的比赛能力	1. 通过比赛,培养儿童的竞争意识和竞技能力 2. 培养儿童面对失败的抗挫折能力和自我调节能力 3. 培养幼儿的人际交往能力和协调人际关系的能力

第四章
幼儿篮球指导师不同阶段划分

第一节　幼儿篮球指导师阶段划分的依据

一、游戏的定义

《幼儿园教育指导纲要（试行）》提出："幼儿教育应以游戏为基本活动。"游戏是自愿、自主、快乐的活动。

二、游戏在幼儿发展中的地位

在幼儿教学中，内容丰富、形式多样的游戏占据着重要地位。《幼儿园工作规程》已经明确指出幼儿园应"以游戏为基本活动"，"将游戏作为对幼儿进行全面发展教育的重要形式"。首先，幼儿园要充分保证幼儿的本体性游戏，幼儿爱玩的天性以及他们对世界的探索和理解能力很有限，非常单纯，使得他们具有较强的自我表现的需要，游戏就是为他们提供了满足这种需求的机会；同时在幼儿自主的活动中，其个性的发展才是最充分、最和谐的。其次，幼儿园的教学活动必须游戏化，即重过程体验，轻结果追求。这是幼儿教育的特征，然而，幼儿教育还是要往学校教育过渡，要为幼儿入小学做准备，幼儿教育要日益与学校教育接近，教学过程中的游戏化程度也应体现出由高到低递减的层次。

三、游戏在幼儿发展中的作用

游戏是幼儿生理和心理发展的需要，也是幼儿体、智、德、美全面发展的要求，《幼儿园教育指导纲要（试行）》指出："幼儿园教育应尊重幼儿的人格和权利，尊重幼儿身心发展的规律和学习特点，以游戏为基本活动，保教并重，关注个别差异，促进每个幼儿富有个性的发展。"游戏中有动作、有情节、有玩具和游戏材料，符合幼儿认知的特点，能唤醒起幼儿的兴趣和注意力，激发幼儿积极的感知、观察、注意、记忆、思维、想象等，在轻松愉快的氛围中促进幼儿的发展。由此可见，幼儿喜欢游戏，不仅仅是身心特点的反映，也是身心发展的需要。游戏对幼儿身心和谐发展具有十分重要的作用。

四、游戏能促进幼儿运动能力的发展

孩子神经系统和骨骼肌肉发育不完全,神经系统兴奋强于抑郁,让他老老实实待着不动,对于幼儿来说有很大的难度。现在孩子对游戏的认知性较强,其实要使孩子身体健康,一定要给他参与游戏活动的机会,保证其生长发育对运动量的需求。幼儿的运动能力包括肌肉的控制力、身体的平衡力、活动的协调性,这些均可以在游戏活动中得到实现。

五、游戏能促进幼儿认识水平的发展

幼儿的认识是从感知开始的,在幼儿生活中,再也没有任何其他活动能比游戏让他们获得的感知更加深刻的了。由于游戏是幼儿的自觉活动,其兴趣不仅可以在此聚集,也可以在此显示,更可以在此深化,即表现出热情高、倾注性强,对事物的观察注意更为集中和持久的特点。在游戏中,幼儿通过眼看、耳听、口说、手摸等各种感官的参与,来了解各类事物的性质,通过这样的方式所感知的事物印象就深,记忆也牢。

游戏是幼儿生活的反映,在游戏中,幼儿广泛地接触各种玩具和运动器材,通过自己的感知,了解物体的性质、特征、用途等,使自己对周围事物的认识得以加深和巩固。

幼儿思维活动的知觉性强,游戏能为幼儿提供操作实物和活动的机会,这就使幼儿的思维处于十分活跃、积极的状态。幼儿的思维能力是在不断地提出问题、解决问题的过程中发展起来的,而幼儿提出的问题大多源于游戏,在游戏中他们往往需要器材,需要角色的扮演,会提出一些实际的问题,因此,他们在不停地观察、比较、探索、验证、思考许多问题,有许多个为什么。比如,幼儿在第一次看见篮球时,十分兴奋但又很害怕,根本无法控制球将球拍起来,但是熟练之后,他会改变游戏的方法,换各种各样的姿势来拍球。其实,在游戏中幼儿找到的答案可能只能自圆其说,只有部分认知是正确的,然而,其中的感性经验却启发了思维火花,使幼儿比较、分析、判断思维能力得到了加强。

六、游戏能促进幼儿社会性的发展

幼儿园是幼儿学习社会的学校,幼儿期又是人社会化的开端,为了适应社会生活，幼儿必须逐步了解社会的生活知识，掌握社会的行为规范。这些技能在社会交往中实现，而游戏则是幼儿实现这种社会交往的重要方式，因为游戏首先促成了共同的交往关系，在成功的交往经验和失败的教训中，幼儿逐渐掌握交往的技能，可以在游戏中分享、交换、轮流、平等竞争等。因此游戏与社会性有着不可分割的关联性。游戏是幼儿社会性发展的体现，是幼儿接触社会、认知社会的基础，所以游戏是促进幼儿社会性发展的最佳动力和途径。

在教学活动中幼儿不再是仅仅由游戏来完成日常的活动，更多的是通过针对性游戏练习提升专业技能。

《〈体育与健康〉教学改革指导纲要（试行）》中提出，要通过深化体育教学改革，转变教学观念，全面把握"教会、勤练、常赛"的内涵与要求，使其成为常态化、规范化、系统化的教学组织模式。打造高质量体育课堂，使学生在"知识、能力、行为、健康"诸方面得到全面提升。明确学生各学段特点与发展需求，使体育教学内容更加富有逻辑性、系统性和衔接性。根据各学段教学目标，合理选择多元化教学模式和多样化组织方式，因地制宜、因材施教，增强体育教学方式改革的有效性、可行性。采用科学、操作性强的发展性评价指标体系，让体育学业质量评价更加具体、客观，建立"以评价促发展"的新生态。优化组织管理，建立健全保障机制，形成教育行政部门、学校领导、教师与家长齐抓共管"以体育人"的新格局。探索建立学生体育学习过程管理长效机制，树立体育教学管理务实创新的新形象，全面促进体育教学改革。

在优化教学内容方面，提出专项运动技能包括足球、篮球、排球、田径、游泳、体操、武术、冰雪运动等专项运动的单个和组合技能，各学校可以根据本校实际、师资力量、学生需求等，有选择地在教学中开展。各专项运动技能的教学，依据专项运动固有的难度和自身的特征，按结构化的方式将每个专项运动划分为多个模块和单元开展教学，学生对各模块和单元逐一进行递进式学习。专项运动的各模块和各单元之间要有进阶性，完成一个模块和单元的学习并经考核合格后，进入下一个模块和单元的学习，以此类推，呈现出更加富有逻辑性、衔接性的专项运动技能学习。

在师资保障方面，提出要强化师资队伍建设，配齐配足各级教研员，发挥重要的体育教学改革指导作用。按需引进体育师资，尤其是高校优秀体育毕业生和优秀退役运动员等要充实到体育教师和教练队伍中，积极吸纳社会力量，通过购买服务，引入社会体育机构有资质的专业教练，补充专项体育教学与训练所需的师资，保障学校体育教学与训练工作持续有序开展。注重对体育教师的师德培养，关心体育教师的身心健康，保障体育教学工作有质有量。体育教师教学工作强度和工作量要合理安排，有条件的学校，在教师人数充足的情况下，可适当缩小体育课教学班额，中小学体育教师每周基本教学工作量保障12课时，并将组织大课间、带队训练、指导比赛、体质监测等活动计入教师工作量。强化体育教师专业素养提升，系统规划对体育教师分层分类培训，每位教师每年要参与不低于1次的培训活动，通过强化培训，逐步提高全体体育教师的专业化水平和教育教学能力。通过培训准确把握改革方向，深刻理解和实施"教会、勤练、常赛"的具体要求，更加合理有效地组织体育课堂教学。关注农村体育教师的发展，通过送教下乡、城乡结对、连片教研等活动切实帮助农村体育教师成长。注重兼职体育教师的专业素养提升，通过加强基础性与专项化相结合的培训，不断提升兼职教师对体育课堂的驾驭能力，从而提高教学质量。加强教研平台的建设，强化体育教研活动，推动体育教师教科研能力的全面提升，更好地推进新时代体育教学改革。

通过以上相关的文献参考，我们根据开展幼儿篮球相关工作的难易程度及指导范围，将幼儿篮球指导师分为幼儿篮球游戏活动指导师、幼儿篮球教学活动指导师以及幼儿篮球运动训练指导师三个层级。

幼儿篮球指导师评价体系将理论知识、专项技能、执教能力、活动组织和获奖成绩五个层面来架构评优评价的体系。

（1）理论知识：包括篮球运动和学前教育两部分内容。
（2）专项技能：包括篮球运动项目技能掌握程度。
（3）执教能力：包括教学理念、活动教案、课程组织、活动组织。
（4）科研创新：包括科研成果、实证规模。
（5）奖项荣誉：包括个人资质、再学习经历、获奖成绩。

第二节 幼儿篮球游戏活动指导师

篮球游戏活动指导师的工作主要表现在两个方面：第一，对游戏规则的制定。指导师需要在游戏开始前对游戏规则进行说明，保证游戏活动顺利开展。在新游戏开展前，指导师可以采用较为简洁的语言对游戏规则进行说明，同时辅以规范的动作来加以示范，引导幼儿了解游戏规则，熟悉游戏的玩法。第二，游戏过程中的动态指导。幼儿在游戏过程中会遇到各种问题，比如，不能理解规则，与其他小朋友发生矛盾等，指导师要及时、有效地帮助幼儿分析问题，并寻找解决问题的方法，在指导方式上，指导师可以综合采用角色介入式、平行示范式等指导方式来帮助幼儿解决游戏中遇到的问题。

此外，幼儿篮球游戏活动指导师也要设计合理的活动目标。活动目标的设计是幼儿篮球活动指导师指导篮球活动的主要依据，是保证活动质量的必备条件，是幼儿篮球活动指导的开端，也是幼儿篮球活动指导师必须掌握的指导技能。幼儿篮球活动指导师的篮球活动设计必须要综合考虑多方面的因素。

一、游戏是促进幼儿学习与发展的重要途径

《3～6岁儿童学习与发展指南》在"说明"部分特别提出了要把握的四个方面：一是"关注幼儿学习与发展的整体性"，二是"尊重幼儿发展的个体差异"，三是"理解幼儿的学习方式和特点"，四是"重视幼儿的学习品质"。这四个方面非常明确地提示我们，必须立足于幼儿，从幼儿出发去思考他们的学习与发展问题，并推进他们的学习与发展，而游戏是最能体现这一要求的活动。

首先，幼儿在游戏的时候，其经验往往是综合的，不会出现语言、社会、认知、动作等方面的割裂，因此教师从幼儿经验出发进行的指导行为也将是整体性的。

其次，自由、自发和自主是游戏的三大特征，这意味着每个幼儿都是在自己的能力基础上，根据自己的兴趣和需要来进行游戏活动，幼儿的个体差异在游戏中体现得最为淋漓尽致。因此，教师从不同幼儿个体出发所进行的指导也将是有差异的。

再次，游戏为幼儿提供了直接感知、实际操作和亲身体验的机会，因为游戏情景比教师创设的教学情景更真切，游戏中解决的问题也都是幼儿的"真问题"，所以教师从幼儿的"真问题"出发进行的指导，能让幼儿获取有用的知识和经验。

最后，积极主动、好奇探究是幼儿最重要的学习品质，也是幼儿在游戏中最鲜明的行为特质。教师在游戏中给予幼儿的外部支持和鼓励，有助于激发幼儿内驱力，帮助其养成良好的学习品质。

二、幼儿身心发展的规律

第一，幼儿身心发展具有一定的阶段性。幼儿在不同年龄阶段，身心发展呈现出一定的阶段性特征。每个年龄段的幼儿都有各自的身心发展任务和社会性，比如：2～6岁是幼儿发展自我意识和自主态度的阶段，这个年龄段的孩子在加强语言和行动能力的同时需要学会控制自己的行为，学会与其他孩子一起游戏，学会分享和建立友谊，建立更高层次的信任等。国内外研究资料表明，在个体心理发展过程中，有三个关键的年龄阶段，分别是：2～3岁，6～7岁和11～12岁。所谓关键性的年

龄阶段，是指儿童的认识水平、个性特征和行为活动等各个方面，都由量的积累而产生一个质的变化，即发生了质的飞跃。在这三个关键性的年龄阶段中，有两个年龄阶段是处在学前期。

第二，幼儿身心发展具有一定的连续性。幼儿每一阶段的身心发展都是紧密相连的。从幼儿情绪发展来看，3～6岁幼儿的情绪发展特点由开始的较不稳定性、外露性和易感性逐渐发展到较稳定性、有意性和内隐性。

3～4岁幼儿的情绪情感虽然比3岁前有很大发展，但仍具有易受感染、易冲动、外露等特点。主要表现在幼儿的情绪易受成人和同伴情绪的感染，而且变化较快。因此作为篮球活动指导师，平时要尽可能表现得愉快、喜悦、乐观向上，孩子长期受到感染，就容易形成愉快乐观的情绪。相反，如果篮球指导师整天闷闷不乐、唉声叹气，孩子就可能形成悲观抑郁等消极情绪。

4～5岁幼儿的情绪情感特点趋向于主动性、稳定性、内隐性。主动性主要表现在随着认知和语言的进一步发展以及在幼儿园集体活动及生活规范的约束下，4～5岁幼儿逐渐学会了主动控制情绪冲动，被动地受外来刺激而引发的情绪冲动逐渐减少。稳定性主要表现在幼儿对情绪的自我调节能力逐渐加强，他们的行为受情绪支配的比例在逐渐下降，但仍然会出现情绪"失控"现象，但出现的频率逐渐减少。内隐性主要是指4～5岁幼儿逐渐能用口头语言、面部表情和肢体动作来表达内心丰富的情绪情感，他们有时候将自己的情绪隐藏起来，比如在很生气的情况下，他们可能会隐藏在心里，直到见到亲人以后才可能倾诉。

5～6岁幼儿情绪的主动性、稳定性、内隐性进一步增强，情绪的自我调控能力也更强，他们开始使用一定的策略来掩饰自己的情绪，掌握了简单的表现规则。比如孩子做了家长禁止的事情，他可能会掩饰或是撒谎。

作为篮球活动的指导师，一定要根据幼儿的年龄、个体差异来设计篮球活动。

三、游戏中的学习对幼儿的发展具有长期效应

我们要强调的是，虽然集体上课与自发游戏都能促进幼儿的发展，但学习效应却有很大的差别。前者可以带来即时效应，尤其是关于知识技能的教学，目的性很强，老师教什么，幼儿就学什么，学习效果马上就能在幼儿身上得到反映。而游戏则不然，它是在潜移默化中小步递进地提升幼儿能力，增长幼儿智慧，其效果虽不如识字背诗那样显而易见，却能在幼儿以后的成长过程中发挥作用。例如，幼儿经常会在游戏中分东西，有时是给几个娃娃分食物，有时则是玩伴之间分材料，久而久之他们就会发现，当把同样大小或同样多少的东西分成不同份数时，分的份数越

多，每一份的量就越少。这一发现会使他们在将来学习小学除法时格外得心应手。又如，由于角色游戏是幼儿通过想象构思情节的一种装扮活动，所以经常玩角色游戏的孩子，其叙事能力更强，这将有助于其小学以后的记叙文写作。再如，经常与玩伴交往会使幼儿体会到，在同样的游戏情景下，大家的想法和理解有时是一样的，有时则是不一样的，为了顺利开展游戏，幼儿之间便会相互沟通协商，这将有助于提高幼儿的同理心和共情力，使幼儿学会站在别人的立场上来考虑问题，这样，未来他就会成为一个善于合作的人。

可见，游戏具有潜移默化的学习效应，这种效应不仅是现时的（即有助于《3～6岁儿童学习与发展指南》中目标的实现），也有助于幼儿长远的发展。

四、场地设施器材

幼儿篮球活动设计最重要的就是要贴近生活、符合实际，要根据幼儿园所配备的篮球设施、场地尺寸和练习材料等条件确定活动内容、指导方式和组织形式等。

第三节 幼儿篮球教学活动指导师

在教的活动中，教育实践的主体是指导师（教师），他是实践者、变革者，即教育者。教育实践的客体是学生和教育影响（教育内容）。幼儿既是实践的客体，也是实践的对象，是被变革者，是受教育者；教育内容是实践的客体，但不是对象，它是主体和对象联系起来的中介，是指导师（教师）变革幼儿身心的工具和手段。

对教学而言，交往意味着对话、沟通、参与，它是一种教学活动的方式，更是弥漫、充盈于师生之间的一种教育情境和精神氛围。创设基于师生互动、互惠和对话的教学关系，是指导师（教师）的一项重要任务。教师要多运用鼓励的方式，让幼儿自己发现、提出问题，特别是当幼儿自己提出有价值的问题时，应因势利导，并大加赞赏和鼓励，以培养他们发现问题的兴趣和习惯。

教学活动是指导师（教师）按照一定的教学原则，采用恰当的教学方法和教学内容，帮助受教者学习客观性知识、锻炼技能、启迪智慧、培养正确的价值观和激发积极情感体验的教育活动。其形式多样，在教育实践中，主要的教学活动形式有以下几种。

讲授式：教师通过系统的知识讲解，给学生留下深刻而清晰的知识结构。

谈话式：师生通过相互交流谈话，达到释疑解惑的目的。

研讨式：师生和学生围绕一定的课题进行探究式学习，达到相互学习、启迪智慧、加深理解的目的。

实践活动式：通过具体的实践或活动，使学生的动手动脑能力和社会适应能力得到发展。

竞赛式：通过考试或比赛的方法，激发学生潜能。当然，实践中教学活动形式有很多，只要能达到教学目的都是值得肯定的。

自主学习式：学生自己通过书本、多媒体等渠道进行学习。

活动指导设计是幼儿篮球活动指导师指导篮球活动的主要依据，是保证活动质量的必备条件，是幼儿篮球活动指导的开端，也是幼儿篮球活动指导师必须掌握的指导技能。幼儿篮球活动指导师的篮球活动设计必须要综合考虑多方面的因素。

一、在教学活动中关注课堂的心理意义和生活意义

在儿童本性的发展上，自动的方面先于被动的方面，表达先于有意识的印象，肌肉的发育先于感官，动作先于有意识的感觉。幼儿的意识在本质上是运动甚至是冲动的，"在行动中表现自己"，是幼儿的有意识状态，并不是幼儿无意识的顽皮。课堂教学有效性的前提在于良好的情境创设，例行公事、按部就班并不是在课堂内开展工作的全部，指导师只有在关注幼儿个体的生存现实方面作出更多的努力，才能实现教学的全部价值。一个有经验的指导师特别注重知识本身与幼儿生活、心理在教育意义上的视界融合和课堂行动中的整合：细致地观察什么经验对于幼儿的学习是最有意义和最有价值的，观察幼儿对这些经验的态度；在这些经验中寻找对于幼儿来说可能的兴趣点、重点和难点；寻找幼儿所持有的经验水平以及如何使他保持兴趣；询问幼儿形成了什么习惯，想做些什么及期望达到的目的和结果；追问是什么刺激了幼儿及幼儿所做出的反应，了解幼儿好奇什么并推动了其表达欲望；努力发现幼儿的哪些品质和能力对获得经验起积极的作用，幼儿是以什么特定的方式展现其经验并形成了什么结果。当把教学内容的客观性与过程、幼儿个体的兴趣和能力以及生活经验相适应时，指导师就站在了幼儿的立场上。

二、幼儿的身心特点

儿童的身心特点影响着幼儿篮球活动指导师的指导内容选择、指导方法手段、组织形式以及场地器材的布置。在设计过程中要充分考虑幼儿的身体发育状况、情

感和情绪表现、篮球技能水平等因素，保证幼儿篮球活动指导的有效性和科学性。

三、活动内容的特点

不同的活动内容对应着不同的指导方法，对活动场地、器材设施的要求也不尽相同，因此幼儿篮球活动指导师在进行活动和练习的设计过程中必须要考虑活动内容的特点，使活动设计更有针对性。如在对中班的儿童进行三步上篮的动作指导过程中，当儿童不能把握步伐的幅度和上篮距离时可以采用语言口令与指示法、直观定向指导等方法指导幼儿的动作练习。

四、场地设施器材

幼儿篮球活动设计最重要的就是要切合实际，要根据幼儿园所配备的篮球设施、场地尺寸和练习材料等条件确定活动内容、指导方式和组织形式等。

第四节　幼儿篮球运动训练指导师

对成人或青少年进行运动训练是竞技体育中十分重要的组成部分，更是能够实现竞技体育社会责任的关键活动。运动训练是为提高运动员的竞技水平而采用的一系列有组织、有计划的行为。运动训练的指导者在运动训练中发挥着至关重要的作用，其行为目标是在训练过程中，不断提高运动员的竞技能力和竞技状态，使其在比赛中充分展现自我，取得更为理想的运动成绩。为了更好地实现上述要求，运动训练的指导者应从训练原则、训练内容、训练方法等方面入手，构建成熟有效的训练实战机制。

幼儿篮球运动训练指导师指导的对象大多处在幼儿阶段的大龄期，所以针对这个阶段的孩子，要从以下三个方面充分了解幼儿身心发展规律，并结合实际情况，因地制宜、因材施教地完成指导。①促进幼儿生理发育，包含幼儿大脑、幼儿肌肉、幼儿骨骼三个板块；②指导幼儿关键动作发展，包含稳定性动作、移动性动作、操控性动作三个维度；③对幼儿心理发育实施指导，包含幼儿认知发展促进、幼儿完美人格塑造、幼儿专注力提高以及幼儿自我情绪调节四个部分。

一、从幼儿的训练中寻找关键问题

幼儿篮球运动训练应在科学指导理念下进行,首要的一点是对幼儿的篮球运动意识进行有效指导。在实际训练过程中,幼儿篮球运动训练指导师没有很多的时间和精力事无巨细地对幼儿运动员给予指导训练,这就需要其提前确定篮球运动训练的关键问题,使幼儿运动员把握训练的核心并在有限的时间内有效提高自身篮球运动水平。在确立关键问题的基础上,幼儿篮球运动训练指导师要明确与幼儿篮球训练相符的内容并进行有针对性的指导训练,力求借助这种较大强度的训练提升幼儿篮球水平。由于幼儿身心发育还没有定型,因此幼儿篮球运动训练指导师应在其不同的年龄段施以不同的指导思想,使运动员尽早明确训练的关键问题并在训练中得到有效锻炼,快速提升篮球运动综合素质。

二、篮球训练中幼儿可能出现的心理问题及训练对策

幼儿篮球训练中可能会出现以下心理方面的问题。

第一,幼儿的个性不同,且情绪不稳定性。幼儿的情感丰富,思维活跃,自尊心、自信心都比较强,有自己独特的思想意识。但幼儿情绪变幻莫测,容易受到外界刺激而失控。观众的呐喊、比分落后时的焦虑、对裁判吹罚的不理解等,都容易导致幼儿产生紧张、沮丧、愤怒等情绪,而幼儿技战术能力的发挥很大程度上取决于其心理状态。因此,对幼儿进行心理训练是十分必要的,幼儿篮球运动训练指导师在制订心理训练计划时,要把运动员的个性差异作为首要考量因素。

第二,幼儿的参与篮球训练动机的复杂性易导致认知偏差。动机是激励人们去行动的原因,只有明确目标,才会有为目标而努力的行动。但在实际生活中,幼儿参与篮球训练的动机往往多种多样,如升学需要、兴趣爱好、自我提升等,每个人的需求或追求不一样,对待篮球训练和比赛的态度和想法也势必有异。而认知上的偏差,易导致幼儿集体荣誉感和责任心的缺失,具体表现为训练目的不明朗,练习兴趣低下,不能取得很好的进步。

第三,幼儿的适应能力会影响其临场应变能力。要成为一名优秀的篮球运动员,规范行为和加强训练固然重要,但更重要的是要具备良好的心理素质和社会适应能力。当前篮球运动发展的三大特点是高度、速度和对抗。比赛越来越紧张、激烈,且愈加白热化,幼儿们的一场势均力敌的比赛往往要到最后一分钟甚至到最后几秒钟才能决出胜负,小运动员在这样高压、高对抗的情况下进行比赛,如果适应能力

不足，就很难支撑完成比赛任务。

为了应对以上问题，幼儿篮球运动训练指导师要做到以下几点。

第一，端正幼儿思想，加深其对篮球的认识，强化幼儿的心理负荷训练。幼儿时期正是学习知识、培养运动能力的黄金阶段，幼儿篮球运动训练指导师与幼儿的沟通效果，在一定程度上会影响幼儿对这项运动的理解和认识，从而影响训练效果和幼儿思维发展。幼儿如果对篮球没有兴趣或不能理解篮球运动的魅力，那么，当学习、训练、比赛遇到挫折和困难时，就容易退缩。因此，幼儿篮球运动训练指导师必须要强化小运动员的思想认识、集体意识，提高其心理承受力。

第二，将心理训练渗透到篮球的专项训练中去。任何一项体育技能，都要通过反复的身体训练，才能被熟练掌握和运用，篮球也不例外。将心理训练与身体训练有机结合，更有助于小运动员改进技术动作，提高竞技水平。在篮球专项训练中，可以制订长、短期的训练目标，设置规定时长的动作技能训练、抗干扰训练、实战情景模拟训练等内容，使幼儿运动员能够灵活运用自己的身体，提高技战术意识，并运用心理自我控制的技术和手段，形成良好的心理状态和竞技状态，争取在比赛中更好地发挥自己的水平，取得优异的成绩。

第三，要遵循篮球运动的规律，符合幼儿的心理发展规律。

三、篮球运动训练中辅助器材的合理运用

合理地使用辅助器材可以提高训练效果，但是辅助器材的过度使用也有可能会对幼儿的身体造成一定的伤害。因此，在进行篮球运动训练时，要结合实际情况和幼儿自身特点，合理选择与运用辅助器材。篮球是一项需要全身协调的运动，不仅需要娴熟的技术，也需要出色的身体控制能力。辅助器材可以在训练中发挥重要作用，可以有效提升幼儿的个人技术和能力。篮球辅助器材是现代篮球比赛中的重要工具之一，可以帮助幼儿更好地完成训练并提升成绩。然而，这些工具只有在正确使用的情况下才能达到最佳效果。对于幼儿初学者来说，任何其他的东西都无法替代基本篮球技能的训练。辅助器材不能代替训练，只能作为训练的补充。因此，在使用辅助器材之前，必须确保幼儿本身已经具有基本的篮球技能，且必须确保幼儿使用的辅助器材符合他们的身体状况和技能水平。例如，年龄偏小的球员就不适合使用大型的球场，因为这不利于他们的移动和表现。同样，对于技能水平较低的幼儿，使用过于复杂的器材也可能无法达到预期的效果。篮球运动训练指导师必须确保幼儿使用辅助器材时的安全。应教导大龄的幼儿必须按照正确的方式来使用辅助器材，并穿上相应的保护装备，以防止受伤。如果幼儿感到任何不适或疼痛，应该

立即停止使用这些工具，并咨询医生的意见。

具体而言，篮球运动训练指导师在运用辅助器材时，应注意以下几个方面。

第一，选择合适的幼儿辅助器材。不同的辅助器材适用于不同的训练内容和训练阶段，幼儿篮球运动训练指导师要根据幼儿的具体情况选择合适的器材辅助训练。在投篮训练中，辅助器材可以被用于帮助幼儿提高准确度和稳定性。比如，篮球通常存在压力点，在较长时间的训练过程中，长期使用一个手部的压力点，可能会导致幼儿的手部肌肉酸痛或疲劳。这时，我们可以使用手套或手臂套来缓解幼儿的不适。同时，还可以通过各种重量或形状的球来改善手指力量，提高手部灵活性和反应速度，这样，投篮的准确度和速度就可以自然而然地提高。

第二，合理使用适用于幼儿的辅助器材。使用辅助器材时，需要结合幼儿的身体状态和体能情况，合理安排训练时间，控制好训练强度。运球训练是篮球训练中不可或缺的，幼儿篮球运动训练指导师在教授幼儿运球技巧时，可能会遇到幼儿无法准确感受运球的问题。这时，使用辅助器材可以有效地帮助幼儿。例如，幼儿可以采用将纱布绑在球上的方式来完成运球练习，以感受球的旋转力度和速度，以及运球时的平衡位置，从而提高幼儿的球感和控制球的能力。

第三，需要注意的安全事项。在篮球训练过程中，幼儿篮球运动训练指导师应注意辅助器材的稳定性，防止在训练过程中发生意外。身体素质对于篮球运动来说是至关重要的。运用辅助器材，可以极大地帮助幼儿提高身体素质。例如，腿部训练器材可以帮助幼儿运动员开展下肢力量、爆发力等方面的针对性训练。运用训练器材，幼儿可以快速提高爆发力、续航力、耐力和速度，而不是漫无目的地去做一些不切实际的训练。辅助器材在篮球训练中有着广泛的适用性，它不仅能够帮助教练快速诊断幼儿在技能和能力上的不足并及时作出调整，还可以帮助幼儿更有效地掌握技巧，提高稳定性和竞技实力。

第五章
幼儿篮球活动开展的基本原则

第一节　幼儿篮球游戏设计基本原则

游戏是幼儿有效的学习形式,将游戏运用到篮球运动上能够很好地吸引幼儿的学习兴趣,激发他们的积极性,增强他们的自信心,满足他们的心理需要。但是游戏的设计既要尊重幼儿的身体发育特点与规律,又要遵循以下基本原则。

一、趣味性原则

趣味性的定义是某事件或者物的内容能使人感到愉快,能引起兴趣的特性。

趣味性原则是指在教学过程中,教师运用幽默生动的语言、灵活的教学技巧、直观形象的表演以及富有感染力的激情等来最大限度地增加课堂的活力、激发幼儿的学习兴趣、增强学习效果的一种教学方法。它要求教师在教学中应该以学生为主,把难以理解、不明白的话语,变得生动而富有感染力,能够让幼儿在感受到趣味性的同时增强体质。

趣味性是游戏的本质特征,也是幼儿篮球游戏设计的核心。首先幼儿篮球游戏要具备趣味性,从而激发幼儿参加篮球活动的兴趣。如果幼儿教师在教学过程中只注重技能的传授,就会使课堂变得枯燥无味。例如,拍球是篮球的最基本的动作,属于连续性重复的练习,如果让幼儿只是抱着球去拍,幼儿的注意力很快会分散到其他事物上。我们可以针对拍球做一个简单的游戏,在拍球练习过程中,幼儿教师可以让学生集中在一片区域如三分线内拍球,在自己拍球的同时要去干扰别人拍球,球拍丢出区域或身体处于区域外都被视为淘汰,随着游戏进行,活动区域将不断缩小,最后能留在罚球半圆线内的幼儿获胜。在设计游戏的过程中,让游戏变得有趣、有意思固然重要,但其前提是必须要保障幼儿的安全,不能一味追求乐趣而忽视了安全。

为了最大程度实现趣味性,我们可以按照年龄段和班级的不同来安排游戏活动。比如小班在篮球活动中创设丰富多样的情境,赋予幼儿角色感,调动其积极性;中班则设计多种形式的游戏,让幼儿在不断感知体验和实际操作的过程中获得满足感;大班则可以用竞赛性的游戏来提高幼儿团队合作的能力,使他们在比赛中获得成就感和自豪感。因此,趣味性在幼儿篮球活动的开展中具有举足轻重的地位。

二、健康性原则

健康包括身体和心理两个方面，是一种在身体上和精神上的完满状态，并具有良好的社会适应能力。

《3~6岁儿童学习与发展指南》提出，幼儿阶段是儿童身体发育和机能发展极为迅速的时期，也是形成安全感和乐观态度的重要阶段。发育良好的身体、愉快的情绪、强健的体质、协调的动作、良好的生活习惯和基本生活能力是幼儿身心健康的重要标志，也是其他领域学习与发展的基础。

为有效促进幼儿身心健康发展，成人应为幼儿提供合理均衡的营养，保证充足的睡眠和适宜的锻炼，满足幼儿生长发育的需要；创设温馨的人际环境，让幼儿充分感受到亲情和关爱，形成积极稳定的情绪情感；帮助幼儿养成良好的生活与卫生习惯，提高自我保护能力，形成使其终身受益的生活能力和文明生活方式。

篮球作为一项综合的运动项目，对幼儿的身体发展有着全面的促进作用。篮球游戏设计要有效练习到跑、跳、投、拍等动作技能。篮球游戏的设计要发挥篮球运动增强体质、锻炼身体的作用。游戏是体育手段的一种，具有健身的功能，通过篮球游戏可以使幼儿掌握篮球基本技术，提高免疫能力以减少各种疾病的发生。游戏的设计要符合幼儿的身心发展特征，过小和过量的运动负荷都会对幼儿产生影响，小负荷的运动强度不会达到健身的目的，而过量的运动负荷也违背了幼儿的身心发展规律。因此要以健身性为原则，采用适宜的负荷、时间、频率等，使幼儿篮球游戏发挥促进幼儿身心健康发展的作用。

三、全面发展原则

《新时代"人的全面发展"的哲学逻辑》一文提出，"人的全面发展"是一种理想的状态，包括人的个性、能力和知识的协调发展，人的自然素质、社会素质和精神素质的共同提高，政治权利、经济权利和其他社会权利的充分体现。从特殊意义来看，人的本质不是某一方面的社会关系，而是所处的一切社会关系的总和，社会关系的丰富性、全面性决定着人的本质的丰富性、全面性，人的社会关系实现全面发展，人自然就会实现全面发展。

幼儿的全面发展是素质教育的基本要求，也是教育追求的目标。素质教育要从幼儿教育开始。不同年龄段的幼儿在身心发展、智力水平、动手操作能力等方面都有着一定差异，因此，幼儿园教育更应该注重的是全面发展，培养德、智、体、美、劳均衡发展的幼儿。教育模式与教育实际相结合，幼儿教学应该从健康、语言、社会、科学、艺术五大领域对幼儿进行教育，为实现幼儿全面发展奠定基础。

幼儿园的全面发展教育在如今社会大背景的推动下显得非常重要。它不仅顺承了社会需求对人才选拔的趋势，也突出了基础教育在教育改革中的重要地位。全面发展、优质发展，促进幼儿基本能力的提高，是幼儿园需要不断努力的方向，更是一种势在必行的趋势。幼儿园教育不同于中小学教育，它有其特殊性，它既是基础教育的核心，也是全面教育的起点。

幼儿的身体发育处于一个初级阶段，肌肉、器官、骨骼发育尚不完善，在设计篮球游戏时要考虑使幼儿身体各个部位得到全面的锻炼，比如在游戏设定中既要锻炼到幼儿的下肢肌肉群，也要锻炼幼儿的上肢肌肉群，既要锻炼大肌肉群，也要对小肌肉群，进行锻炼，既要锻炼屈肌，也要锻炼伸肌，注意全面发展、均衡发展。

同时，幼儿的心理尚处在发育期，表现出情感丰富、强烈，兴趣广泛，注意力易分散，活泼好动，思维简单、直接等特征。因此，相应的，篮球游戏设计应内容简单、形式多样、生动有趣，能够激发幼儿的游戏兴趣，同时也应具有一定的挑战性，能在一定程度上锻炼儿童的手脑并用能力，增加注意力的集中时间。在社会适应方面，篮球游戏在设计时也要考虑加入一定的规则限制，能使儿童形成一定的规则意识，懂得遵守规则的重要性。还可以加入一些团队合作类型的游戏，有利于让儿童感受到帮助他人的快乐与团队合作克服困难的成就感，形成互帮互助的团队意识。

四、针对性原则

针对性原则是体育锻炼的基本原则之一。针对性原则是指在身体锻炼过程中，根据锻炼者的个人特点以及季节、地域等客观条件，合理地确定锻炼内容，选择方法手段和安排运动负荷。

不同年龄阶段的幼儿身体机能有差别。3~4岁时幼儿处于生长发育阶段，全面促进身体的发育是锻炼的前提。由于幼儿骨骼硬度小，韧性大，不宜采用过多的负重练习，否则会引起下肢骨弯曲变形。从事一些非对称项目的练习（如投掷项目、乒乓球等）时要适度，并注意非用力肢的锻炼，以免影响脊柱正常弯曲度的发育和身体均衡生长。幼儿心肺功能尚未完善，心率和呼吸频率快，心排血量和肺通气量较小，难以胜任过分激烈的运动，尤其是拔河、倒立等憋气或静止用力练习，因此不宜从事这些运动，更应注意避免过分疲劳。

4~5岁的儿童精力充沛，他们的身体开始变得结实，体力较佳，可以步行一定的路程。同时，他们的基本动作更为灵活，不但可以自如地跑、跳、攀登，而且可以单足站立，会抛接球，平衡性比之前更加稳定，手指动作变得比较灵巧，可以进行一些篮球的球性练习，增强指关节的灵活性。幼儿在这个阶段，运动的动作质量明显提高，既能灵活操作，又能坚持较长时间。

5～6岁儿童的走路速度基本与成人相同，平衡能力明显增强，可以运用比较复杂的运动技巧，并且还能伴随音乐进行律动与舞蹈。手指小肌肉快速发展，已能自如地控制手腕、运用手指活动，例如，可以掌握行进间运球上篮或者原地投篮等一些简单组合的运动技能。并且这个年龄段儿童的规则意识逐步形成，他们开始学习控制自己的行为，遵守集体的一些规则，例如，游戏结束了要把玩具整理好放回原处，上课发言要举手，等等。大班后期的儿童特别喜欢有规则的游戏，像体育游戏、棋类游戏等。对在活动中违背规则的行为，儿童常常会"群起而攻之"。但这一时期的儿童还没有形成自律，规则对儿童来说还是外在的规定，因此，儿童在规则的实践方面还会表现出以自我为中心的特点，指导师或教师应淡化这个年龄段幼儿的胜负意识，更好地让幼儿在有规则的游戏活动中感受运动带来的快乐。

幼儿教师教授的对象是幼儿，因此在设计篮球游戏时，要遵循幼儿的生理发育特点、心理特征，要结合教学训练任务、幼儿的具体情况以及教学训练的客观条件，如场地、器材、设备、天气等，也就是说，游戏设计应有明确的目的性和针对性。

五、创新性原则

创新是指以现有的思维模式提出有别于常规或常人思路的见解，利用现有的知识和物质，在特定的环境中，本着理想化需要或为满足社会需求而改进或创造新的事物，包括但不限于各种产品、方法、元素、路径、环境等，并因此获得一定有益效果的行为。

创新可以以不同的方式体现，我们可以从幼儿自身出发，在游戏中根据幼儿的兴趣爱好和特点设计游戏的类型，比如，幼儿对音乐的灵敏度高，我们可以设计在情景中加入音乐的元素，让幼儿跟随音乐的节奏进行不同形式的运球游戏。同时，在幼儿游戏的创新中可以加入新的元素，比如运用数字、形状、颜色等元素进行游戏教学。

创新除了在幼儿游戏中体现，还可以在教师培训中、课程设计中以及家长的参与中来体现。比如，教师需要有广泛的游戏知识、敏锐的观察力和创造力。因此需要注重对幼儿教师的教育培训，可以通过讲座、研讨会、实践交流等培训形式来培养和提高教师的创新能力。在课程设计中可以借助现代教育技术的新理念、新概念，有计划性、有针对性地进行游戏类型的研发与实践。此外，家长参与的形式也可以不断创新。

创新对于幼儿篮球教学至关重要，首先是教学方法一定要有创新，其次教学辅助器材也应该具有创新性，既要符合幼儿身心发展的要求，又要能够使幼儿对篮球运动产生浓厚的兴趣。

六、教育性原则

教育（Education）狭义上指专门组织的学校教育，广义上则指影响人的身心发展的社会实践活动。拉丁语 educare 是西方"教育"一词的来源，意思是"引出"。教育者按照法律法规和行业规范，根据学校条件和职称，有目的、有计划、有组织地对受教育者的心智进行教化培育，以现有的经验、学识授人，为其解释各种现象、问题或行为，以提高其实践能力。教育的根本是育人，使人以一种相对成熟或理性的思维来认知和对待事物。

教育是思维传授的过程，教育者教给学生科学的知识和理性的思考方式，丰富学生的阅历，使其逐渐变得成熟、理性，并由此走向最理性的自我和拥有最正确的思维认知。教育也是一个育人的过程，教师教给学生做事做人的道理，帮助学生树立正确的世界观、人生观、价值观。教育，是一种提高人的综合素质的实践活动。

在创编篮球游戏时需要考虑到它的教育性因素，从游戏的情景、形式、方法、器械到具体要求，都要体现教育意义，避免单一的趣味性。

七、差异性原则

差异性是指总体的各单位之间有一个或若干个可变的品质标志或数量标志，从而表现出的差异，如幼儿不同年龄阶段的差异性、不同性别在身体发展上的差异性，不同培养目标的差异性，特色园所的差异性，教育理念的差异性，幼儿教师能力的差异性等。

我们以篮球游戏在幼儿不同年龄段中的开展应用为例。首先，在游戏目标设置上，针对不同年龄阶段的幼儿设置恰当适宜的篮球游戏目标，是指导后续篮球游戏有序开展的重要前提。基于篮球游戏目标在不同年龄段幼儿教学中的差异化表现，教师应该根据不同年龄段幼儿的身心发展特点，设定适宜合理的目标和要求，以此更好地优化教学成效。比如，对于幼儿园小班幼儿，篮球游戏目标设置应该重点考虑培养幼儿兴趣，同时引导幼儿运用篮球练习一些简单动作，使幼儿对篮球有一个初步的了解和认识；对于幼儿园中班幼儿，则需要教师在进一步提升幼儿篮球游戏参与兴趣的基础上，围绕着一些需要肢体协调动作的篮球技能进行训练，比如在原地运球的基础上，进行行进间的简单化运球以及近距离的投篮等；但是对于幼儿园大班幼儿，则应该注重复杂的篮球动作和技能的训练，比如花样繁多的球性练习、组合式的运球、稍远距离的投篮，以及简单的适合幼儿的小篮球比赛等，同时对一些小篮球相关规则以及深层次知识予以讲解，初步培养幼儿体育精神。

其次，篮球游戏在幼儿不同年龄段的差异化教学应用还需要具体表现在活动上，教师应该根据不同年龄段幼儿的身心发展特点及其喜好，安排一些更具针对性的篮球游戏活动，以此更好地提升篮球游戏应用价值。比如在幼儿园小班教学中安排篮球游戏，因为幼儿对于篮球的理解还仅仅停留在"球"的层面，对于篮球滚动的特点较为熟悉，因此可以设置一些相对简单的滚球类游戏活动，让幼儿利用篮球完成一些简单的滚球接力或者是单人滚球训练，培养幼儿对于篮球的喜爱；在幼儿园中班教学中，教师则应该在原有滚球游戏基础上，增加一些拍球或者是投球游戏，让中班幼儿能够在初步熟悉篮球后，运用篮球完成相应更高难度的动作；到大班时，教师则应该重点关注一些稍微复杂的篮球游戏活动，要求幼儿在拍球的同时加入一些其他动作，比如可以双人协同完成拍球，或者是将拍球和投篮连贯起来，以此更好地增强幼儿篮球游戏参与效果。

再次，篮球游戏在幼儿不同年龄段的教学应用还应该注重游戏情境的差异化设置，以便更好地引导幼儿积极参与相应的游戏情境，从而展现出更强的篮球游戏训练效果。因为幼儿往往都喜欢在情境中开展游戏活动，所以教师应该针对不同年级幼儿设置不同的情境，以此更好地引导幼儿完成篮球游戏。比如小班幼儿篮球游戏主要为滚球等活动形式，教师可以将情境设置为森林，在相应场景内置入一些"树木"以及其他障碍物，然后让幼儿在该场景下完成固定路线的滚球游戏；对于中班幼儿，则可以设置一些存在竞争性的游戏情境，让幼儿相互之间进行比拼，进而更好地调动幼儿参与积极性，也便更好地培养幼儿相关篮球技能；对于大班幼儿，则可以设置一些更为复杂的情境，甚至是可以呈现专业的篮球比赛场景，让幼儿感受篮球运动的魅力，同时更好地体会篮球精神。

第二节　幼儿篮球教学活动基本原则

幼儿篮球教学活动基本原则主要反映了篮球教学的一般规律，反映了篮球运动教学的特点，是大家在长期的篮球教学实践中总结出来的。它既能指导幼儿教师的教学活动，也能指导幼儿科学运动，我们应该将这些原则贯彻篮球教学活动始终。

一、思想性原则

思想性原则是指在幼儿园全部教育教学活动中，必须向幼儿进行辩证唯物主义教育和共产主义道德品质教育，贯彻完成幼儿园德育教育的任务。也就是说，要寓德育于各项活动之中。

根据幼儿身心发展的特点和实际情况，幼儿期的德育主要是道德品质教育即品德教育。幼儿的品德并不是天生的，而是在社会道德舆论的引导熏陶和家庭、幼儿园道德教育的影响下，在与周围成人和同伴的日常生活交往过程中，逐渐形成和发展起来的。历史事实证明，任何一个时代培养人才的目标，都不只限于单纯的传授知识，使受教育者具有一定的道德品质也是非常重要的。因此，德育是所有时代共有的教育现象，是教育活动的重要内容。

在幼儿园教育教学活动中，贯彻思想性原则，就是要通过各种教育教学活动，运用多种教育手段和方法，遵循一定的准则，对幼儿实施品德教育。其宗旨主要是培养幼儿爱祖国、爱人民、爱劳动、爱科学、爱护公共财物以及团结友爱、诚实、勇敢、不怕困难、有礼貌、守纪律等优良品德，形成文明行为习惯和活泼开朗的性格。对幼儿从小就紧抓良好的品德教育，将为培养有理想、有道德、有文化、有纪律的一代新人打下坚实的基础。

二、科学性原则

科学性原则是指向幼儿传授的知识、技能应该是正确的、可靠的，是符合客观规律的。教学内容安排、教学组织形式选择和教学方法的运用应符合幼儿年龄特点和认识事物的规律，是切实可行的。也就是说，要保证幼儿园教育教学全过程的科学性。

幼儿期是一个人身心发展最迅速的时期，也是人一生中智力发展最快的时期。幼儿年龄小、经验少、判断力差、模仿性强，容易接受周围环境的影响和外部刺激，这一时期形成的认识会在大脑中留下深刻的印象，对其进一步发展将产生深远的影响。如果在教育教学中违背科学性原则，不顾幼儿的年龄特点和认识事物的规律性组织教学，向幼儿灌输一些似是而非、不切实际、非科学性的知识，不仅影响幼儿现在的进步，也会给其以后的发展造成障碍。因此，对于开展幼儿园教育教学活动来说，坚持科学性原则是极其重要的，它既能让幼儿在发展的最佳时期获得大量正确、可靠的知识和技能，迅速提高其智力水平，又可为其将来的发展奠定良好的基础。

三、积极性原则

在幼儿篮球教学中贯彻积极性原则，是指幼儿教师启发小朋友们的控制力，能够充分地带动幼儿的积极性，使学习的效果达到最佳。教学中贯彻积极性原则，是由教与学的双项活动中，幼儿是学习的主体这一因素决定的。教师要充分调动幼儿的学习主动性，引导幼儿积极开动脑筋思考，勇于尝试，耐心学习，在活动中掌握篮球的基本技术，同时也能提高孩子们的观察能力、沟通能力和解决问题的能力。

四、简易性原则

游戏是一种有规则的娱乐活动，幼儿的思维活跃，模仿能力较强，但抽象思维较弱，情感丰富，活泼好动，应适当采用一些简单的游戏设定，使幼儿能够顺利地进行游戏。例如，在设计一个游戏时，儿童需要完成的任务数量应当不超过两种，规则限制的数量尽量也不要超过两种，否则会导致游戏难度过大，打击儿童的兴趣。但这并不意味着游戏越简易越好，随着儿童对游戏的熟练度增加，要循序渐进地增加游戏难度或变换游戏条件，持续激发儿童的兴趣，逐渐形成对篮球的稳定兴趣。

五、安全性原则

在进行篮球游戏时，可能会出现一个教师组织多个幼儿的状况，由于幼儿天性活泼好动，而且他们对于自己的行为不会有一个是否存在危险的判断，所以容易发生一些意外事故，比如，在游戏过程中教具摆放位置不当而引起幼儿磕碰，因此教师在教学过程中应本着安全性原则，对一些危险因素进行提前的判断，从而减少幼儿意外伤害事件的发生。

六、发展性原则

发展性原则是指幼儿园的教育教学活动要能促进幼儿个性的全面发展，即智力、体力、道德、意志、情感等的发展，使幼儿从现有的发展水平向最近发展区发展。

幼儿园应对幼儿进行德、智、体、美全面发展教育，使其健康活泼地成长，为入小学打好基础，为造就一代新人打好基础。在教育教学过程中，无论偏重或忽视哪一方面，都不利于幼儿个性的全面发展。同时幼儿园教育必须面向全体幼儿，把德、智、体、美全方面发展教育贯穿于幼儿园的各项活动之中。只有走在幼儿身心发展前面的教学才是良好的教学，即教学不应跟在幼儿身心发展的后面或在已达到的发展水平上进行，而应在幼儿身心没有完全成熟但是正在形成的基础上进行。贯彻发展性原则，就必须在充分了解幼儿已有知识和理解能力、智力水平的基础上提出"略微超前"的适度教育要求，把幼儿发展的可能性与积极引导幼儿发展二者辩证地结合起来。既不宜低估或迁就幼儿的年龄特点，错过发展的机会；又不可揠苗助长，超过发展的可能性，这样才能使幼儿在最近的发展区获得尽可能好的发展和大的提高。

七、灵活性原则

灵活性原则是指教师在教育教学过程中要根据各种因素的差异和变化，机智、灵活、富有创造性地组织活动。也就是说，要保证幼儿园教育教学内容丰富多彩、形式活泼多样、方法灵活多变和过程随机应变。在幼儿园教育教学全过程中，无论是教育环境的选择和创设，还是教育教学计划的制订和执行，教师都会遇到许多复杂多变的情况，特别是受教育者生理、心理、知识经验、认知能力等方面存在差异。因此，教师不仅要认真研究幼儿教育的规律和特点，而且要认真研究幼儿的年龄特点和个性差异，正确估计幼儿的实际水平，深入了解不同幼儿的发展状况，结合本地区、本园的实际条件，制订出切实可行的计划，并随着各种因素的变化不断地调整计划。同时还要灵活运用多种教育手段和方法，因地制宜，因人、因材施教。只有这样，才能充分利用每一个教育机会，取得良好的教育教学效果。

八、直观性原则

直观性原则是指在篮球教学中利用学生的感官和已有经验，通过视觉、听觉和肌肉本体感觉，获得对篮球技术、战术的生动表象和感觉，并使之与积极的思维相结合，从而掌握篮球技术、战术和技能，发展思维能力。

在篮球教学中贯彻直观性原则，首先要有明确的目的和要求。教师要根据教学的任务和教材的特点以及学生的情况，有目的地使用直观教学方法。如对低年级的学生进行技术教学时，宜多使用动作示范、技术图片等，可以把学生的动作录像重放，与正确技术进行比较，以纠正学生的错误动作；对高年级的学生进行战术教学时，宜用沙盘演示，或用生动形象的语言进行讲解。

直观有助于使学生形成正确的表象。这种表象只有与积极的思维相结合、与实践相结合，才能达到好的教学效果，因此，直观性教学要善于启发学生思维，并与技、战术练习活动紧密结合起来。

九、综合性原则

篮球运动具有项目的集体性、技能的综合性、战术的多变性和攻守对抗性特点，同时篮球教材内容的游戏性、竞争性和趣味性也很强。因此，在教学中贯彻综合性的原则是符合篮球运动本身的特点的。

在教学内容的选择上，要注重单项技术、组合技术与综合技术的结合。在完成单项技术的教学后，应立即把这种技术与其他技术结合起来练习，提高技术的综合运用能力。在教学方法和组织形式上，要做到既简单实用，又要多样化，以提高学生学习兴趣，使学生掌握更多的练习手段和方法。要把技术、战术和篮球意识的培养结合起来，技、战术训练和作风培养结合起来，全面提高学生的体质、技术和战术水平，发展他们的智力和心理素质，培养其优良的道德品质，为其进一步发展打下坚实的基础。

十、启发性原则

启发性原则是指在教育教学活动中，教师必须善于启发诱导，充分调动幼儿学习的主动性和积极性，激发幼儿的求知欲望和探索精神，引导幼儿积极思考，提高幼儿主动获取知识和运用知识的能力。

幼儿教育的各种活动过程都是教师与幼儿的双边活动过程，如果离开了幼儿的主动性和积极性，就收不到预期的教学效果。幼儿的年龄特点决定了他们还不能把学习的社会意义转化为学习的内在动机，其学习的主动性和积极性，是与他们的兴趣、爱好、好奇心、求知欲望等紧密相连的。因此，幼儿教师要善于启发诱导，引导幼儿注意仔细观察周围的事物，组织安排幼儿参加丰富多彩的活动，寓教育于具体、生动、形象与兴致勃勃的活动之中，促使幼儿对周围事物和现象好奇、感兴趣、并产生热爱的情绪，产生吸取知识的要求和内在动机，主动开动脑筋思考问题。要培养幼儿初步的抽象能力和创造能力，充分调动他们运用已有的知识，通过自己的智力活动去获得更多的知识和技能的能力。

幼儿学习的主动性、积极性表现为：①有积极好学的态度，对学习有浓厚的兴趣，他们对感兴趣的事物能保持较长时间的注意力；②有强烈的求知欲望和好奇心，喜欢观察周围的事物和现象，常常积极主动地思考并提出问题；③幼儿积极参加各种活动，积极感知新事物，获取新知识，善于用语言动作表现所学的内容，并能把所学到的知识技能应用到新的学习活动中去，成为再学习的工具。

第三节 幼儿篮球运动训练基本原则

Haywood（1986）提出：幼儿动作的发展有着一定的顺序，如头尾顺序：先是头部动作，再者是躯干动作，最后是脚的动作。并具有一定的发展规律，如近远原则：幼儿先是接近身体中心部分的肌肉和动作先发展，离身体躯干的末端（手指）的部分动作最后发展。粗细原则：先发展粗大动作，在发展中精细动作。由低级到高级：先进行事物的感知，再对事物进行分析判断。由简单到复杂：从简单动作发展到复杂动作。因此，在幼儿篮球运动训练过程中，应根据上述幼儿身体动作发展的规律，遵循以下几项原则。

一、独立自主性原则

独立自主性原则即培养儿童学会依靠自己的经验和能力进行活动，让儿童了解和认识独立自主性。独立自主性原则的主要内容有以下几方面：生活方面，指通过生活技能的培养树立儿童正确的生活态度。动作方面，指让儿童学习控制自己的动作，从而使儿童了解自身与社会的关系，关注环境。待人接物方面，指培养儿童与人相处的社会行为。学习的自主性指除了让儿童掌握基本概念和基础知识外，还要培养儿童良好的学习习惯，激发学习兴趣。

二、发展适宜性原则

发展适宜性原则指学前教育方案在充分参考和利用现有儿童发展研究成果的基础上，为每名儿童提供适合其年龄特点和个别差异性的课程及教育教学实践。它包括两层含义：一是年龄适宜性；二是个体适宜性。发展适宜性课程应该是综合的，是建立在教师充分观察和了解儿童的基础上的，同时又是一个互动的学习过程。发展适宜性课程应该是具体的、真实的、与儿童日常生活相关联的。另外，发展适宜性的教师和儿童应是相互作用的。

三、保教结合原则

保育工作者要有健康的身体、良好的心理素质、对工作充满热情、关心儿童；充分了解儿童生活、心理发展特点，学习掌握学前教育的基本知识和保教技能；在日常生活中要贯彻"保中有教、教中有保、保教一体化"的原则。在对幼儿实施保育过程中，穿插教育活动和要求；在日常生活中，贯彻相关的教育原则的要求。只有做到以上要求，才能完成"保教合一"的任务。此外，良好的工作伙伴与师生关系是实现保教合一的前提，要建立良好的师生关系。

四、综合性原则

综合性原则主要指在课程设计和教育活动时，必须以儿童的直接经验和实际生活为基础，配合其能力、兴趣和需要。尽量在课程和活动中促进儿童多层次、多角度、多学科的发展。它包括两方面的内容：一是教育目的与教育内容的综合性；二是教育年龄的综合性等。

五、启蒙性原则

启蒙性原则指学前教育要对儿童进行最基本的入门式教育，为其以后的学习和发展打下初步的基础，主要指德、智、体、美等方面的启蒙教育。

六、活动性原则

活动性原则指将儿童的教育过程融于一系列的活动、游戏之中。活动对幼儿来说是非常重要的一环，怎样来实施它呢？首先要提供活动机会和环境，然后必须鼓励儿童参与活动的积极性、主动性和创造性，同时活动必须是多样的、生动的，契合儿童的需要，它不是装饰品。

# 第六章
幼儿篮球游戏活动指导师

第一节　幼儿篮球游戏活动指导师角色描述

幼儿篮球游戏活动指导师作为幼儿园活动中与幼儿互动的重要他人，其扮演的角色在一定程度上决定了幼儿教育的质量。《幼儿园教育指导纲要（试行）》中提出：幼儿园应该"以游戏为基本活动"，教师要引导幼儿参加游戏和其他各种活动，体验和同伴共处的乐趣。教育学家马斯洛也认为："幼儿期是奠定智力发展基础的最有效的时期，游戏的过程正是智力发生的非同一般的过程，这就是游戏作用之所在。"由此看来，游戏是幼儿的主要活动，是对幼儿进行全面发展教育的重要手段之一。幼儿篮球游戏活动指导师在篮球指导活动中承担着重要的任务，扮演着重要的角色。以下是幼儿篮球游戏活动指导师角色的描述。

一、课程创新与开发的设计者

游戏是幼儿的天性，是幼儿与生俱来的"工作"，更是幼儿获取知识技能和生活经验的重要途径。幼儿园体育游戏活动的开展，要以健康为教育目标，通过体育游戏项目让幼儿养成良好的锻炼习惯，并在体育游戏中提高幼儿的体能素养，促进幼儿的身心健康成长。为保证幼儿园体育游戏活动的顺利开展，教师不仅要注重对游戏项目的开发，还应当加强对游戏环境的创设和对游戏材料的开发，让体育游戏更具趣味性，最大限度地满足幼儿的身心发展需要。

幼儿篮球课程的设计开发工作，可基于人类动作发展理论、动作学习及控制理论，以及当前兴起的功能性训练理念，在课程目标、课程内容、课时安排、教学方法、课程评价等方面的构建中，落实符合幼儿身心发展特征，遵循幼儿基本动作发展规律，注重课程游戏化、生活化和整体性，淡化专业性等幼儿课程开发的基本要求。

二、幼儿的合作者、引导者

幼儿篮球游戏活动指导师和幼儿之间在人格和地位上是完全平等的。幼儿篮球游戏活动指导师通过参与活动，与幼儿和整个活动成为一个整体。幼儿篮球游戏活动指导师要与孩子合作，做孩子的支架，为孩子助跑。

第一，与孩子合作。要成为孩子的促进者，幼儿篮球游戏活动指导师要积极有效地参与孩子的活动中，成为"平等者中的首席"，"从容应对孩子抛过来的球"。作为"合作者"，幼儿篮球游戏活动指导师应该和孩子在彼此感兴趣的问题上聚焦，与孩子们进行经验的交流、情感的共享、智慧的碰撞。

第二，做孩子的支架。要了解孩子已有的发展水平，据此提出适当的发展目标，这个"适当"体现的是维果茨基的最近发展区理念。幼儿篮球游戏活动指导师要帮助孩子明确他可能及应该达到的水平，使教学活动适当超前于发展并引导发展，通过对孩子的观察找到通向下一个发展阶段的关键点，为孩子搭建合理的支架。

第三，为孩子助跑。幼儿篮球游戏活动指导师要做孩子个性化发展的促进者。关注个体差异，因材施教的原则对每个幼儿篮球游戏活动指导师来说，都已不再陌生，多元智能的阐述更是从人的不同智能的角度揭示了个体间的显著差异。幼儿篮球游戏活动指导师要努力了解每个孩子的发展水平与潜在能力，因人而异地采用适宜的教育手段，时时留意孩子的行为，帮助他们解决在学习过程中遇到的问题和困难。这种帮助不同于简单的指导与示范，而是在了解孩子潜能的前提下，略微超前，积极引导，有效地促进孩子潜能的发展。

第四，幼儿篮球游戏活动指导师要站在引导者的位置，多给予幼儿以鼓励和引导，激发其对篮球的兴趣，同时寻找符合幼儿的心理特点和认知特点的科学方法，帮助幼儿塑造良好的性格品质。例如，在上"蚂蚁搬家"等活动课时，幼儿篮球游戏活动指导师可以采用比赛的形式，让幼儿扮成蚂蚁，分成若干个小组分别进行搬、跑、跳、爬等比赛，看看谁做得最好。在游戏过程中，指导师可以通过对蚂蚁生活习性的描述，让幼儿懂得蚂蚁勤劳勇敢的品质，并教导幼儿学习蚂蚁不怕吃苦受累的精神，对幼儿进行人格品质塑造。这样既可以锻炼幼儿的身体协调能力，又提高了其学习篮球的积极性，还较好地完成了教学任务。

三、篮球游戏的实施者

《幼儿园教育指导纲要（试行）》强调，幼儿教育应以游戏为基本活动，教师要积极将教育教学活动融入形式多样的游戏活动之中。

作为幼儿篮球游戏活动指导师，我们可以从以下几个方面开展游戏教学。第一，在教学活动中，要积极营造能够展示活动主题的氛围与环境，准确地找到课程与游戏之间的融合点，从外在环境和内在环境的不同维度来推进课程与游戏之间的融合。第二，为幼儿提供可以操作、实践和体验的机会，发散幼儿的思维，给予他们足够的空间，让幼儿创造出多种多样的模拟实践游戏活动。第三，在进行课程游戏化时，幼儿篮球游戏活动指导师需要广泛收集与融汇资源，从幼儿生活的环境入手，巧妙地开发生活和自然界中的资源，创设主体性课程，让幼儿在课程渗透和资源的浸润下健康成长。

四、篮球游戏中的观察者

实施教育，观察先行。幼儿篮球游戏活动指导师只有细心观察幼儿活动时的各种行为表现，才能真正了解幼儿的内在需要。观察并关注每一个幼儿在发展中的需要和兴趣并不是一件容易的事。在观察前，幼儿篮球游戏活动指导师要努力将自己的情绪调整到最佳状态，客观地对待每一个幼儿，不提前给幼儿"贴标签"。观察之余，幼儿篮球游戏活动指导师还要作必要的记录，以便于后续的反思并更好地制定今后的教学策略。幼儿篮球游戏活动指导师可以携带纸笔随时记录自己的思考，用简单的文字或符号表示，并在事后及时整理。所谓观察，既要我们用眼睛去看，又要我们用心去体会、去思考，站在孩子的角度去体验他们的内心感受，并敏锐地发现孩子的兴趣点，只有这样，我们才能准确判断出孩子是否需要指导以及需要怎样的指导。

观察者的身份可以让幼儿篮球游戏活动指导师换个角度走近孩子，尊重孩子，理解孩子；观察记录的撰写与反思，能使幼儿篮球游戏活动指导师的职业敏锐性和判断力得到加强。蹲下身来感悟童心，才能发现孩子的行为比幼儿篮球游戏活动指导师主观估计的要复杂得多，孩子的心理比幼儿篮球游戏活动指导师主观想象的难以琢磨得多。孩子有一百种语言，孩子有十万个为什么！幼儿篮球游戏活动指导师需要深刻地认识到教育的复杂性与创造性，以及幼儿篮球游戏活动指导师职业的专业性，认识到不要轻易地给孩子下结论，要尊重发展各异的孩子的行为与表现，多观察、多记录、多赞赏、多肯定，让孩子在自身的感知和体验中快乐成长。

第二节　幼儿篮球游戏活动指导师专项理论与技能基础

一、基础理论

幼儿篮球运动不仅能够提高幼儿的韧带和肌肉的弹性、延展性、柔韧性，肢体协调能力与平衡能力，速度意识、反应灵敏等素质，还能够培养幼儿受挫后情绪恢复的能力、面对困难坚持不懈的意志力，促进幼儿认知发展、性格发展以及社会性发展，建立良好的自我概念和自信心，进而促进幼儿智力发展，培养幼儿坚强的意志品质和积极乐观向上的精神。

（一）幼儿生理发育理论

适当的游戏活动可以提高幼儿的身体素质，帮助幼儿掌握初步的运动技能，有效促进幼儿生理发育。幼儿篮球游戏活动指导师需要了解以下几方面的生理知识：第一，篮球游戏活动能够促进幼儿的血液循环和骨骼发展，增强幼儿各部分肌肉的耐力，对幼儿的运动系统发育有极大的促进作用。第二，幼儿参加篮球游戏活动可以提高肺活量，强化呼吸系统的功能，减少患呼吸道疾病的可能。第三，篮球游戏活动能够有效增强幼儿神经系统的功能，增强幼儿身体的平衡性和灵活性。第四，篮球游戏对幼儿的消化系统也有一定的促进作用。参加篮球游戏活动之后，人体需要补充适当的能量，运动能够促进吸收。同时，幼儿参加篮球游戏活动后保持愉悦的心情，也有利于消化和吸收。

（二）幼儿心理发展理论

2001年教育部在《幼儿园教育指导纲要（试行）》中提出"树立正确的健康观念，在重视幼儿身体健康的同时，要高度重视幼儿的心理健康"，明确了幼儿心理健康的重要地位。随着我国社会、经济的高速发展，受到社会关系、家庭结构、价值观等诸多因素的影响，幼儿的心理健康问题越来越成为令人担忧的隐患和问题。因此，幼儿篮球游戏活动指导师需要根据幼儿心理发展的规律，在日常生活中给予幼儿充足的信任感和安全感，在活动中能够让幼儿在轻松愉悦的氛围中感受到游戏带来的趣味性、娱乐性；同时幼儿篮球游戏活动指导师需要给予幼儿们自主练习的时间，激发幼儿的主动性，使其能够积极参与游戏活动，并根据幼儿的个体差异调整任务及要求，让幼儿能够在快乐中感受到满足与成就感。

（三）游戏设计的基本理论

寓教于乐是幼儿体育运动游戏设计的基本原则，其中的"教"是指确保运动游戏有利于幼儿的动作发展，其中的"乐"是指确保运动游戏有助于激发幼儿的参与兴趣。这需要教师在设计和组织体育游戏时，以幼儿的动作发展为游戏目标，并渗透到游戏过程中，不仅要让儿童感受到体育游戏的乐趣，还要促进幼儿身体机能尤其是身体动作的发展。

二、基础技能知识

(一) 幼儿篮球游戏活动指导师的基本技能及素质

幼儿篮球游戏活动指导师不仅要会基本的运球、传球、篮板球、投篮等技术动作，还要具备自尊、自信、自强的品质，有很强的敬业精神，并且善于思考、刻苦创新、思想敏锐，能对幼儿篮球运动的过去、现在进行总结研究，并对未来进行展望。要善于推陈出新，开发创立独特的篮球游戏活动，特别是随着篮球运动体制改革的深入与幼儿篮球的迅速发展，幼儿篮球游戏活动指导师更要不断思考，增加情景的导入、花式篮球技能的变化，以及平衡类游戏、力量与耐力类游戏、口令执行类动作游戏，让幼儿对篮球活动更加有兴趣，更好更积极地参与篮球活动。

(二) 游戏活动的组织条件

为了让篮球游戏活动能更好地促进学前教育，幼儿篮球游戏活动指导师要提高对游戏活动的重视度，充分发挥其在教育中的作用，使游戏活动得以认真贯彻并落实到位，而非流于形式。因此，科学组织并开展幼儿园篮球游戏活动，可以从以下几个方面着手：第一，创新篮球游戏活动的形式，激发幼儿参与兴趣，将学前教育内容充分融入其中，实现寓教于乐。第二，完善活动管理机制，确保幼儿人身安全。第三，丰富游戏道具设备。首先要科学规划活动的场地，要选择便于管理并能灵活调换的地方；其次要准备充足的活动材料，避免活动内容单一化。

(三) 合理运用游戏方案的能力

在传统的幼儿教育理念影响下，大部分教师的育儿关注点都放在简单易懂的活动层面，很少开展复杂或专项性的游戏活动，甚至认为游戏活动会增加幼儿安全隐患。这种想法是错误的。幼儿如果长期处于室内，较少接受自然日光照射，较少呼吸新鲜空气，将不利于其健康成长。户外游戏活动能使幼儿接触到大自然，对幼儿的身心健康大有裨益。对幼儿开展户外游戏活动需要注意的是，要规划好游戏时间，拓宽游戏场地，以满足幼儿的游戏活动需求。而在满足幼儿游戏活动的硬件建设之外，还应结合幼儿的身心发展特点整合游戏活动方案，以最大限度地满足幼儿的健康需求。教师可以根据幼儿的个性特征及兴趣爱好，分析不同幼儿对篮球游戏活动的接受程度，并将收集到的数据作好记录，以不断调整、完善游戏规则及游戏内容。

第三节　幼儿篮球游戏活动指导师的核心工作

一、幼儿篮球游戏概念

《3～6岁儿童学习与发展指南》是由教育部、卫生健康委员会等多个部门联合发行的一份指南，提出了对3～6岁幼儿各方面发展的基本要求，规定了幼儿活动的性质、目标和宗旨，并提出相关指导与评价的建议，旨在为幼儿园提供儿童学习与发展的指导，帮助他们更好地促进幼儿的全面发展。因此，在设计幼儿篮球游戏活动时，应依据《3～6岁儿童学习与发展指南》的基本理念进行，这样设计出来的指导计划才能符合时代的要求。同时，《3～6岁儿童学习与发展指南》的基本理念也是幼儿篮球指导活动评价、幼儿篮球指导书编写的重要依据。

（一）游戏与幼儿发展的关系

游戏是幼儿的天性，它伴随着幼儿的成长，可以说，没有游戏就没有发展。游戏与幼儿发展的关系可以概括为三句话：游戏反映发展，游戏巩固发展，游戏促进发展。

首先，游戏是幼儿已有经验的表现活动，也就是说，游戏往往是幼儿力所能及的活动，孩子们往往会选择与自己水平相符合的游戏内容，而不会选择难度大大高于自己能力的活动内容。他们在选择玩伴时，也往往是寻找与自己水平相当的伙伴，所以观察孩子在游戏中的语言、动作和社会合作行为，就能看出他的发展水平。这与皮亚杰关于"游戏是一种同化行为"的观点相契合，游戏水平与发展水平相同步，不同发展阶段的儿童有不同的游戏行为。正因如此，游戏才成为我们了解幼儿发展水平的一个窗口。

其次，重复性行为是幼儿游戏的一个明显特点，我们可以看到，当他们刚获得一种新的经验，或刚学会一种新的技能时，他们就会通过游戏反反复复、不厌其烦地玩耍。比如，当他们刚接触一种新玩具和新材料时，就会不断地重复这种玩具和材料的玩法，直到完全掌握这种玩法。这表明，游戏具有一种自发练习的功能，只要幼儿还在重复某一行为，他们就正在发展某种知识和能力。也就是说，游戏为幼儿提供了自发练习的机会。他们的每一次重复行为，对他掌握和巩固这一知识和能力都有重要的意义。当他不再重复某种行为，或已经玩腻了某一种玩具或材料时，就说明这一行为已经得到了充实和发展，此时这种玩具和材料对他发展的潜在价值也已基本实现。从这个意义上说，那种一玩就腻，即幼儿不愿意重复去玩的材料，对他们发展的潜在价值不大。

第三，"尝试性行为"是幼儿游戏中的另一个常见表现。根据维果斯基的观点，儿童在游戏中往往不满足于已经达到的行为水平，他们总是以略高于日常的水平去尝试新的行为。比如，在小篮球的传接游戏过程中，幼儿在熟练掌握了一传一接的方法之后，便不再满足于已有的水平，而开始尝试新的传接方式，如先把球抛出去，接到之后再传递，传递的方式也不再是手递手，而改变为有速度、有距离的传递球。当幼儿磕磕绊绊尝试并成功获得新的玩法之后，他们又开始重复玩耍，不断巩固新的行为水平，直至玩腻了，又开始新的尝试。而且儿童在尝试一种新的玩法时，总能准确地估计自己的能力，并调整自己的行为水平，新行为所体现的水平往往略高于原有水平。就这样通过一次次尝试性行为，儿童的行为水平逐渐得到提升。

（二）根据活动内容及场地器材的不同来激发幼儿的参与兴趣

不同的年龄段、不同的活动内容对应着不同的指导方法，对活动场地、器材设施的要求也不同，因此幼儿篮球游戏活动指导师在进行活动和练习的设计过程中必须要考虑年龄和技能水平的差异来设计不同的内容，使活动设计更有针对性、操作性。比如，幼儿篮球游戏活动指导师可以设计一些平衡类游戏。平衡类的游戏具有较强的挑战性，幼儿需要克服心理障碍，通过狭窄、弯曲或摆动的物体。这类游戏对幼儿具有较强的吸引力，同时可以锻炼幼儿身体的灵敏性与协调性。教师还可以充分利用已有场地和器材，或自制体育器材，来开展篮球游戏活动。在平衡类的训练中，教师可以将窄凳子一字排开后，让幼儿依次通过，同样可以达到较好的平衡训练效果。

二、游戏活动的实施

（一）设计多样化的游戏活动

多样化的游戏活动能够为幼儿提供丰富的学习机会。首先，幼儿篮球游戏活动指导师应根据幼儿的年龄和能力特点设计相应的游戏活动。对于年龄较小的幼儿，可以设计一些简单的感官游戏，以提高幼儿的感官敏感度和辨别力等；而对于年龄较大的幼儿，可以设计一些更复杂的角色扮演游戏或团体游戏，以提高他们的社交和合作能力。其次，幼儿篮球游戏活动应涵盖学前教育的各个领域，如语言、数学、科学、艺术等，通过结合学前教育的各个领域设置游戏活动，可以促进幼儿全面学习和发展。最后，幼儿篮球游戏活动应设置具有挑战性和趣味性的任务，以激发幼儿的参与和探索欲望。根据不同的幼儿发展水平设计不同的游戏难度，可以帮助幼儿在游戏中克服困难，增强自信心和解决问题的能力。

（二）情景代入

幼儿篮球活动情景代入是幼儿篮球游戏活动指导师在活动时，将活动以相应的环境与氛围的方式呈现在幼儿面前。由于幼儿教育具有一定的特殊性，所以对于教授对象也要进行区别对待。幼儿心智尚未完全发育，生理技能也不够完善，无法集中注意力就是这个阶段儿童最为明显的特征之一，所以幼儿篮球游戏活动指导师要多采用情景代入的方式，更好地提升活动的趣味性，但这也对幼儿篮球游戏活动指导师提出了较为严格的要求，如较高的专业篮球知识水平、语言组织能力、肢体协调能力等。

（三）支持和引导幼儿

为了最大限度地支持幼儿的游戏参与并促进其身心发展，幼儿篮球游戏活动指导师在实施游戏活动时，应注意以下几点。首先，幼儿篮球游戏活动指导师应积极参与和支持幼儿篮球游戏活动，与幼儿一起玩耍和互动，让幼儿感受到关注和鼓励。通过参与游戏，幼儿篮球游戏活动指导师能够与幼儿建立密切的关系，了解幼儿的兴趣、需求和发展进展。其次，幼儿篮球游戏活动指导师应观察和了解幼儿的游戏兴趣和需求，观察幼儿在游戏中的表现，了解他们喜欢的游戏类型、游戏角色、游戏时长等，并进一步调整游戏活动内容和引导策略。最后，幼儿篮球游戏活动指导师应引导幼儿在游戏中发展各项能力。通过提出问题、给予挑战、提供反馈和鼓励，幼儿篮球游戏活动指导师可以引导幼儿进行思考、表达和交流。同时，游戏活动指导师还应鼓励幼儿尝试新的角色扮演，帮助他们拓展想象力和创造力。

（四）活动组织与环境布置

第一，开阔幼儿的视野，丰富幼儿的生活经验。现实生活是幼儿游戏的源泉，幼儿游戏的主题、内容，不是凭空想象、主观臆造出来的，更不是游戏设计者头脑中固有的，而是对周围现实生活的反映。幼儿篮球游戏活动指导师在组织游戏活动时，可以通过创设相关情境，加深幼儿对现实生活的了解，丰富生活经验。

第二，提供给幼儿充足的游戏活动时间。在幼儿园的一日生活中，幼儿篮球游戏活动指导师应根据所设计的游戏内容，提供给幼儿充足的游戏时间。如果游戏时间太仓促，会使幼儿感到玩得不尽兴，将会影响幼儿在课堂上的注意力；相反，只有时间充足了，儿童才能真正投入、沉浸在丰富多彩的游戏氛围之中去享受游戏的快乐。

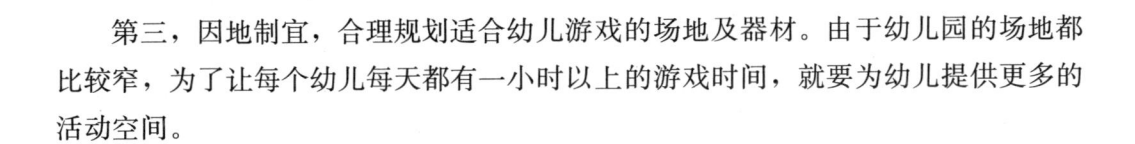

第三，因地制宜，合理规划适合幼儿游戏的场地及器材。由于幼儿园的场地都比较窄，为了让每个幼儿每天都有一小时以上的游戏时间，就要为幼儿提供更多的活动空间。

第四节　幼儿篮球游戏活动指导师工作评价与反馈

一、幼儿篮球游戏活动指导师评价的内容

（一）基本能力的评价

幼儿篮球游戏活动指导师基本能力的评价包括基本技术掌握的能力、指挥的能力、管理的能力、组织的能力、游戏设计创新的能力的评价。基本技术掌握能力的评价内容包括技能动作的示范、知识的储备和丰富的经验。指挥能力的评价包括在突发情况下妥善处理、在个体差异中及时调整活动目标。组织与管理能力的评价内容包括：幼儿在篮球活动中的表现，如执行力、练习秩序等；指导师是否了解各个幼儿的心理特征、情感特征；能否保持和激发幼儿对篮球运动的兴趣，能否与幼儿保持良好的关系等。创新能力的评价内容包括游戏活动的创新、篮球技能培养的创新、幼儿篮球教法的创新等。

（二）沟通与指导能力的评价

沟通与指导能力是幼儿篮球游戏活动指导师的重要评价指标之一，具备良好的沟通能力是保障幼儿篮球活动顺利进行的重要因素。对幼儿篮球游戏活动指导师沟通与指导能力的评价包括指导师与幼儿之间的沟通是否顺畅、有效，指导师是否能够清晰地传达信息，是否能够倾听和理解幼儿在活动中的需求，在个体差异的情况下是否可以根据幼儿的实际情况进行有针对性的指导，解决幼儿在活动中遇到的困难。

（三）团队合作能力的评价

团队合作能力是幼儿篮球游戏活动指导师评价不可缺少的指标，主要评价包括幼儿篮球游戏活动指导师是否能够很好协调彼此之间的关系，是否能够促进幼儿与指导师的合作和互动，是否能够为幼儿营造良好的活动氛围。

二、评价的方法

(一) 领导评价

领导评价是指教育行政领导、幼儿园园长、篮球教研组长以及幼儿篮球合作机构专员对幼儿篮球游戏活动指导师的评价，是对幼儿篮球游戏活动指导师的日常行为，具备的价值观和人生观，对待幼儿的态度以及活动指导目标的达成度进行的综合评价。领导评价是有效促进幼儿篮球游戏活动指导师进步的有效外部机制。

(二) 家长评价

家长评价是直接反映幼儿篮球游戏活动指导师教学活动能力和活动开展状况较客观的评价指标。主要原因是家长与幼儿篮球活动指导师的接触较少，可以避免主观意识的干扰。幼儿会向家长吐露心声，分享自己在篮球活动中的体验以及对指导师的喜欢程度。如果家长反映自家孩子对篮球活动产生了恐惧或者厌恶等心理，幼儿篮球活动指导师便要考虑是否在课堂中对孩子区别对待、是否打击到幼儿的自尊心、运动强度和难度是否过大等，并及时作出调整。

(三) 团队评价

幼儿篮球游戏活动指导作为一项专业的工作，需要借助同伴的评价，才能保证评价的效度。具体的评价内容包括活动的设计是否以幼儿身心健康发展为核心，活动安排是否能有效排除安全隐患，儿童通过学习和练习能否获得愉快的心理体验和养成运动兴趣等。同伴评价能够交流工作经验，促进指导水平的提高。

(四) 自我评价

幼儿篮球游戏活动指导师的自我评价是指根据自己在活动指导后的感受，回想指导过程中出现的问题及应对状况，并进行反思。自我评价，有利于幼儿篮球游戏活动指导师自我认识、自我教育，培养自我意识并自我提高。自我评价是促进自身职业素养提高的有效动力机制。

三、游戏活动的指导

(一) 观察与评估幼儿的游戏表现

观察和评估幼儿的游戏表现是指导幼儿游戏活动的重要步骤。幼儿篮球游戏活动指导师可以使用观察工具，如观察记录表、摄像记录等，记录幼儿在游戏活动中的行为和表现。观察的重点可以包括幼儿的参与程度、表达能力、合作与分享情况、解决问题的能力等内容。通过观察和记录，幼儿篮球游戏活动指导师能够全面了解幼儿的游戏发展水平，便于提供有针对性的指导和支持。

（二）与家长和其他教育者合作

与家长和其他游戏活动指导师合作是有效指导幼儿游戏活动的重要策略。首先，幼儿篮球游戏活动指导师应定期与家长进行沟通，分享幼儿在游戏活动中的兴趣、能力和发展情况，以便家长更好地理解和支持幼儿的游戏发展。其次，幼儿篮球游戏活动指导师可以与其他游戏活动指导师交流经验和合作开展游戏活动。与其他游戏活动指导师分享交流实践经验，了解他们的做法和经验，有助于丰富自己的指导策略，并在实施过程中得到更多的支持和启发。最后，幼儿篮球游戏活动指导师可以提供家庭游戏活动的建议和指导。与家长合作，分享一些家庭游戏的想法和资源，帮助家长在家庭环境中继续促进幼儿的游戏发展。

（三）为幼儿提供适当的反馈和鼓励

为幼儿提供适当的反馈和鼓励是指导幼儿游戏活动的关键策略。幼儿篮球游戏活动指导师应及时给予幼儿积极的反馈和鼓励，以增强他们的自信心和动力。在游戏活动中，幼儿篮球游戏活动指导师可以表扬幼儿的努力和进步，关注他们的优点和成就；同时，提供具体的反馈和建议，帮助幼儿认识到自己的进步和需要改进的地方。此外，幼儿篮球游戏活动指导师还可以鼓励幼儿设定挑战目标，并帮助他们制订实现这些目标的计划和策略。通过适当的反馈和鼓励，幼儿篮球游戏活动指导师能够激发幼儿学习的自主性和积极性，促进他们在游戏活动中的全面发展。

第五节　幼儿篮球游戏活动指导师工作的延伸

一、结合幼儿的兴趣爱好，参加各种体育运动小组

这是延伸学习的基本形式，针对性强，容易实现。相比其他年龄的孩子，幼儿有着较多的自由支配的时间，这为加强幼儿课余体育活动提供了有力的时间保障，因此，家长可以根据幼儿的兴趣喜好，参加各种运动小组，在专业的教师指导下，不仅培养幼儿的体育学习兴趣，而且为幼儿的体育锻炼创造广阔的空间和机会，激发幼儿的运动潜力，掌握一技之长。

二、针对幼儿的游戏发展需求进行个别化指导

针对幼儿的游戏发展需求进行个别化指导，是促进幼儿发展的关键策略。根据观察和评估的结果，幼儿篮球游戏活动指导师已能够了解到幼儿在游戏中的发展水平和需求。基于这些了解，幼儿篮球游戏活动指导师可以提供针对性的引导和支持。例如，对于那些在社交合作方面有困难的幼儿，幼儿篮球游戏活动指导师可以鼓励他们参与团体游戏，并提供合作的机会和指导；对于那些在解决问题方面有待提高的幼儿，幼儿篮球游戏活动指导师可以提出一些挑战性的问题，引导他们思考和寻找解决方案。通过个别化的指导，幼儿篮球游戏活动指导师能够满足幼儿不同的发展需求，帮助他们充分发挥潜力。

三、培养幼儿坚强的意志品质

首先，篮球是一项需要耐力和意志力的运动。在小篮球比赛中，幼儿需要持续进行奔跑、跳跃和投篮等动作，这需要他们具备坚韧不拔的毅力和顽强的意志力。因此，在指导活动中可以适当增加运动量和难度，让幼儿在挑战自我的过程中逐渐培养强大的心理素质。其次，篮球是一项团队合作的运动。在比赛中，每个人都有自己的角色和责任，需要相互配合才能取得胜利。通过训练和比赛中的合作与沟通，幼儿可以学会团队合作、协作能力和交流技巧。这些技能对于其未来的成长和生活都具有重要意义。最后，篮球是一项需要不断进步和提高的运动。在训练中，幼儿需要不断挑战自己、超越自我，才能取得更好的成绩。这种积极向上的心态可以帮助幼儿在面对挫折和失败时保持乐观、积极的心态，从而培养出坚强的心理素质。

第七章
幼儿篮球教学活动指导师

第一节　幼儿篮球教学活动指导师的角色描述

幼儿篮球教学活动指导师的工作不只是向幼儿传授篮球知识和篮球内容，还要关注幼儿的身体发育、心理健康、兴趣爱好、运动潜力等状况。他们在篮球指导活动中承担多重任务，扮演着不同的角色。以下是幼儿篮球教学活动指导师相关角色的描述。

一、身心健康发展的促进者

身心健康是幼儿篮球活动开展的首要任务，任何幼儿篮球活动的开展都要以保障幼儿身心健康发展为核心。

幼儿阶段是个体生长发育的起点，是身体形态、素质、体能发展的关键时期。幼儿篮球教学活动指导师在活动指导以及与幼儿的日常生活中通过以下方式来保证和促进幼儿的身体发展：观察幼儿的身体形态发育状况，监督幼儿养成正确的身体姿势；在篮球活动中渗透身体素质练习以促进幼儿机体的血液循环；更换练习环境以提高幼儿对不同环境的适应能力；等等。

在心理发展方面，幼儿篮球教学活动指导师采用以下方式来促进幼儿的心理健康发展：在活动中安排趣味和益智类游戏来促进幼儿神经系统的均衡性和灵活性，提高对外界刺激的反应能力和分析能力；增加活动的运动强度和安排自主练习来为幼儿宣泄焦躁情绪创造环境；安排幼儿篮球竞赛活动来培养幼儿的竞争意识和面对失败、接受失败的抗挫折能力；培养幼儿坚强的心理品质和遵守比赛规则的体育意识等。

二、兴趣爱好培养的引导者

个体生物在初始生长阶段的天性就是活泼好动、对一切事物充满好奇、喜欢探索未知领域和乐于模仿动作等，这些特点使得幼儿时期成为培养个人运动兴趣爱好的关键时期。培养幼儿的篮球兴趣爱好在推动国家公共体育领域的发展、选拔国家后备人才以及培养个体终身体育意识等方面有着积极的推动作用。

为了培养幼儿对篮球运动的兴趣爱好，幼儿篮球教学活动指导师通过在活动中科学安排活动内容，设计能够激发幼儿好奇心的引导情景，降低篮球活动的运动强度，融入和增加趣味性、竞技性篮球游戏和增加篮球游戏活动的密度，创设轻松愉快的幼儿篮球活动氛围以及尊重幼儿的个体差异等手段，使每个幼儿都能轻松地融入篮球活动，体验篮球运动的乐趣及养成运动习惯。

三、运动技能传授的教育者

幼儿熟练地掌握篮球的基本动作技能是幼儿篮球活动开展的首要内容。这里所说的熟练掌握基本动作并不是指所有幼儿都能达到一定的篮球技能标准，都能熟练地进行胯下、变向、转身等篮球动作，而是幼儿篮球教学活动指导师根据幼儿个体的身心发展情况和动作认知情况来为每个幼儿设置一个合理的技能学习目标，再通过相应的指导和教学来督促幼儿达到各自的技能目标。幼儿篮球教学活动指导师在指导活动中应摒弃专业的或者中小学的篮球技能教学常规，耐心进行基本动作技能的指导；将球性练习融入准备活动和游戏活动，降低单一的篮球技能教学的密度，发展幼儿的篮球技能，促使幼儿学会基本的篮球动作，夯实球性基础。

四、篮球课堂活动的组织者

3~6岁的幼儿常常表现出强烈的好奇心，在课堂或者活动中容易被外界的事物分散注意力，并且会因为外界事物或者同伴之间的刺激而过于兴奋从而忽视幼儿体育指导师的口令和教学，给篮球活动的开展带来一定的困难。针对这一情况，幼儿篮球教学活动指导师会在幼儿篮球活动开始阶段建立起课堂常规，如幼儿听到待机时的口令时，能够迅速抱球立正站好、目光集中在教师身上并仔细听幼儿篮球教学活动指导师的指令。在组织集体活动和竞技比赛活动的过程中，幼儿篮球教学活动指导师要教导儿童遵守游戏规则和竞赛规则，在培养幼儿活动规范和体育道德规范的同时，培养幼儿的社会意识。

五、运动天赋潜力的挖掘者

篮球教学活动指导师要善于观察幼儿在篮球活动中的运动表现，分析幼儿在球类练习过程中是否具备相关的天赋。这些表现主要包括幼儿的身体素质，如幼儿的灵敏、平衡、协调、动作反应速度和反应能力，运动的技术表现，如幼儿的随机应变能力，运球、投篮和传球等方面的表现，从而判断其是否具备篮球运动的天赋。

如若发现儿童具备从事篮球运动的天赋，幼儿篮球教学活动指导师要及时与家长沟通，让家长了解相关状况，询问家长是否会对幼儿从事专业篮球训练提供支持和帮助，并与小学体育教师或者体校教练做好衔接，为幼儿从事专业篮球训练做好铺垫。

六、幼儿身体安全的守护者

篮球是一项集跑步、跳跃、竞技性和较强身体对抗性于一体的运动，在篮球运动中难免会受到一定的运动伤害，即便是以基础球性练习和篮球游戏为主的幼儿篮球活动，也有一定的概率会对幼儿造成身体伤害。为了降低幼儿在运动中受伤的概率，篮球教学活动指导师应通过合理地安排活动内容和运动负荷，根据幼儿的实际情况安排篮球游戏和篮球竞赛，培养幼儿的体育道德规范，向学生传授安全防备知识和躲避危险的动作技能，以及培养幼儿的卫生习惯等方式来保护幼儿的身体安全。

七、衔接社会资源的合作者

幼儿篮球教学活动指导师需要与其他老师、家长和社会资源合作，共同为幼儿提供更好的体育教育。例如，他们可以与音乐老师合作，设计运动与音乐相结合的活动；与家长合作，了解孩子在家中锻炼的情况，并提供指导建议；与社会资源合作，组织户外运动、比赛等活动。

第二节　幼儿篮球教学活动指导师专项理论与技能基础

一、专项理论

（一）幼儿生理发育理论

儿童生长发育有一定的规律性，在进行篮球活动指导和教学时应根据他们的年龄特点合理安排练习内容，从而有效地促进幼儿身心的健康发展。幼儿篮球教学活动指导师应该了解幼儿的骨骼与关节、肌肉、心血管系统和神经系统等方面的知识，围绕幼儿的身体发育规律科学安排篮球活动的运动形式、运动强度、持续时间、运动负荷以及动作技术练习。如根据幼儿时期骨骼弹性大硬度小、不易完全骨折但容易弯曲变形的生理特点，在练习过程中不能让幼儿进行长时间、高频率的跳跃练习，要提醒和帮助幼儿养成正确的身体姿势以防止对幼儿的脊柱、骨盆和身高的正常发育造成影响。

（二）幼儿心理发展理论

虽然所接受的家庭教育、周围环境和外界刺激不同使得每个儿童都是独一无二的，但他们之间还是有着共同之处。他们都需要人性化的活动环境、值得信赖的成年人给予其安全感和稳定感，其自主权、能力感及自尊感日益增加。为了促进幼儿心理的正常发展，幼儿篮球教学活动指导师要根据幼儿心理发展规律，在日常生活中重视与幼儿建立充满信任感和安全感的稳定关系，在教学和活动组织时创设轻松愉悦的活动氛围，选择具有趣味性、娱乐性的篮球游戏，给予幼儿篮球练习自主时间，激发幼儿的主动参与；根据幼儿的个体差异提出不同的且能够达成的任务和要求，使幼儿体验篮球的乐趣，感受进步带来的满足感和成就感。

（三）篮球专业知识

篮球教学活动指导师需要具备篮球专业知识，这并不是要求幼儿篮球教学活动指导师有着丰富的技、战术储备，专业的体能和篮球技能训练知识，而是要求幼儿篮球教学活动指导师掌握以下篮球知识：①基本的篮球规则，能让幼儿了解篮球运动的基本要求、犯规的常识、比赛方式和得分方式；②基本的动作技能，能使幼儿掌握基本的运球、传球、投篮和防守技能；③基本的篮球战术认识，让具备篮球基础的幼儿了解简单的防守和进攻战术，如夹击、全场盯防等；④篮球设施知识，合理布置幼儿运动场地、篮筐高度等，为幼儿参与篮球活动和学习篮球技能打好基础。

（四）安全与健康知识

掌握充足的幼儿安全与健康知识是成为幼儿篮球教学活动指导师的必要条件之一，也是保障幼儿安全健康的决定因素。安全与健康知识主要包括：①科学的热身和拉伸方式，可预防幼儿运动损伤，促进运动后的机体恢复。②环境安全知识，根据幼儿的年龄特征和人数科学布置活动场地，避免幼儿在进行篮球运动时发生意外。③急救知识：学习人工呼吸、伤口处理和包扎、骨折后的紧急处理知识以应对突发状况。④健康行为知识：如运动后及时补充水分和电解质，注意保暖，勤洗手防止细菌感染等，为幼儿篮球活动的开展提供安全保障。

二、技能基础

（一）篮球基础技能

幼儿篮球教学活动指导师不仅要会基本的运球、传球、篮板球、投篮等技术动作，还要掌握相应的球性练习技能、结合篮球的热身和拉伸活动技能、防守脚步练习等技能，通过示范向学生传授基本的篮球技术动作。更为关键的是，幼儿篮球教学活动指导师要理解各个篮球技术动作的发力部位、发力顺序和发力时机，同时关注幼儿在练习过程中出现的错误动作，分析其原因并且通过适当的方法对错误动作进行纠正。同时，练习一些能够吸引学生注意力的花样篮球动作，如指尖转球、衣服藏球等，有利于指导活动中的情境导入和培养幼儿对篮球学习的兴趣。

（二）活动组织管理

幼儿自我控制能力较差，有意注意的稳定性不强，注意的广度、分配能力、转移能力较低。具体表现为容易受外界事物和同伴的干扰，不能控制自己身体活动的幅度和力度，不能控制自己兴奋的情绪等。如果幼儿篮球教学活动指导师未能具备充足的相关组织和管理能力，就可能出现在练习过程中幼儿不听从指导师下达的指令，练习现场混乱，甚至造成幼儿运动损伤的现象。为了防止这一现象，幼儿篮球活动指导师要在活动之前制定一定的活动常规，鼓励和要求学生严格遵守活动常规，甚至可以对违反纪律者施以惩罚，与此同时要时刻观察幼儿在活动中的表现并采取一定的措施，如改变语调、夸张的动作等将幼儿的注意力重新集中在指导师的身上。

（三）动作指导能力

只有科学、综合考量幼儿篮球指导的各项因素，选择恰当的指导方法并合理组合，才有可能取得良好的效果；反之，就会对幼儿身心造成不利影响。在学前阶段，幼儿的抽象逻辑思维较差，对动作技能的学习主要以直观感知为主。因此幼儿篮球教学活动指导师在指导篮球活动的过程中要借助幼儿的视觉、听觉、触觉和肌肉的本体感觉器官来帮助幼儿进行篮球技能学习。在指导活动前科学地布置标志物、标志线、标志点等视觉标志，指示动作的方向、幅度和轨迹。在篮球动作示范时，选择正确的示范位置和方向，将完整的动作合理地分解并且降低动作技术的难度来指导幼儿进行动作技能的练习。

（四）沟通与合作能力

幼儿篮球教学活动指导师的亲和力是影响幼儿篮球活动指导效率的重要因素。幼儿篮球教学活动指导师只有取得幼儿的信任，成为幼儿的伙伴，才能使幼儿在练习活动中更加仔细地聆听来自指导师的口令，更加自信地进行动作练习。优秀的幼儿篮球教学活动指导师要积极地与幼儿交流，倾听他们的想法和感受；尊重幼儿的个体差异并为他们提供相应的帮助；给予幼儿自主选择权利，提高其参与的积极性，并且给予正相关的反馈，表扬他们的进步，助力他们练习的成功。

第三节　幼儿篮球教学活动指导师的核心工作

一、活动设计（目标的设计）

活动指导是幼儿篮球教学活动指导师指导篮球活动的主要依据，是保证活动质量的必备条件。篮球活动设计是幼儿篮球活动指导的开端，也是幼儿篮球教学活动指导师必须掌握的指导技能。幼儿篮球教学活动指导师设计篮球活动时必须要综合考虑多方面的因素。

（一）《3~6岁儿童学习与发展指南》的基本理念

《3~6岁儿童学习与发展指南》是由教育部、卫生健康委员会等多个部门联合发行的一份指南，提出了对3~6岁幼儿各方面发展的基本要求，规定了幼儿活动的性质、目标和宗旨，并提出相关指导与评价的建议，旨在为幼儿园提供儿童学习与发展的指导，帮助他们更好地促进幼儿的全面发展。因此，在设计幼儿篮球活动时，应依据《3~6岁儿童学习与发展指南》的基本理念进行，这样设计出来的指导计划才能符合时代的要求。同时，《3~6岁儿童学习与发展指南》的基本理念也是幼儿篮球指导活动评价、幼儿篮球指导书编写的重要依据。

（二）儿童的身心特点

儿童的身心特点影响着幼儿篮球教学活动指导师的指导内容选择、指导方法手段、组织形式以及场地器材的布置。在设计过程中要充分考虑幼儿的身体发育状况、情感和情绪表现、篮球技能水平等因素，保证幼儿篮球教学活动指导的有效性和科学性。

（三）活动内容的特点

不同的活动内容对应着不同的指导方法，对活动场地、器材设施的要求也不尽相同，因此幼儿篮球教学活动指导师在进行活动和练习的设计过程中必须要考虑活动内容的特点，使活动设计更有针对性。如在对中班的儿童进行三步上篮的动作指导过程中，当儿童不能把握步伐的幅度和上篮距离时可以采用语言口令与指示法、直观定向指导等方法指导幼儿的动作练习。

（四）场地设施器材

幼儿篮球活动设计最重要的就是要切合实际，要根据幼儿园所配备的篮球设施、场地尺寸和练习材料等条件确定活动内容、指导方式和组织形式等。

二、活动实施

活动实施是指幼儿篮球活动指导师依据幼儿篮球指导理念、活动性质、评价建议等，参考所选用指导书的体系结构、内容材料、指导精神等，结合幼儿篮球教学活动指导师自身的教学素养、风格，从幼儿自身的身心发展状况、技能掌握现状、学习能力等条件出发，进行幼儿篮球活动指导的过程。实施过程是活动设计的具体体现，同时也是评价幼儿篮球教学活动指导师指导和设计能力的关键指标。

（一）情景引导

幼儿篮球活动情景引导是指幼儿篮球教学活动指导师在活动的起始阶段，利用幼儿的好奇心和积极性，通过夸张的动作、生动的语音、布置任务等方式来引导儿童积极参与篮球活动。如在运球练习中，将标志筒比喻为燃烧的火把，让儿童在一定的范围内运球绕过标志筒。良好的情景引导对于提高幼儿篮球指导效率和培养幼儿对篮球的兴趣等有一定的积极影响。

（二）活动指导和练习

活动指导和练习是活动实施的核心阶段，是指幼儿篮球教学活动指导师根据设计的活动方案、既定的指导方式和练习形式开展活动的过程。活动指导和练习阶段是幼儿篮球教学活动指导师指导能力的具体体现，同时也是领导评价、同行评价的关键要素。

（三）活动组织和环境布置

首先，为了更好更有效地组织幼儿篮球指导活动，幼儿篮球教学活动指导师需要以相对固定的组织形式开展幼儿篮球教学活动。其次，在实施过程中，幼儿篮球教学活动指导师应严格执行幼儿篮球活动的指导常规，注意鼓励和批评的有机融合，集中儿童的注意力和期待。最后，环境的布置要与活动组织相契合，保证幼儿篮球活动的有序进行。

三、活动评价

幼儿篮球活动的评价是推动幼儿篮球指导活动体系日趋完善的重要手段，能够有效地保证活动的有效性和合理性，建立符合时代要求的幼儿篮球活动指导规范。对于幼儿在篮球活动中表现的评价主要包含对体能和机能的评价、机能与知识的评价以及态度与合作精神的评价。在对幼儿进行评价过程中要注重统一要求与因人而异原则的有机结合。

（一）体能、机能的评价

对幼儿在篮球活动中体能和身体机能的评价主要包括心肺功能、柔韧、协调能力、肌肉力量、身体成分等生理评价指标，以及在改变练习环境时儿童能否及时适应等表现。在对此进行评定时，幼儿篮球活动指导师要考虑到儿童身体条件、运动能力等个人因素，避免一刀切或达标化所带来的不良影响。

（二）技能和知识

对不同年龄的儿童进行篮球知识和篮球动作技能的评价，有着不同的标准，在对此进行评价时，要有针对性地选择相应的篮球知识和篮球技能。在评价时，可通过篮球基本规则知识、基本技战术理解等内容来评价幼儿的篮球知识水平。在对动作技能进行评价时，对于中班的儿童，可以选择基本的单手高运球、低运球等基础动作来判断幼儿的技能掌握情况。在对篮球技能和知识进行评价时，要充分考虑幼儿兴趣、爱好、特长以及运动天赋之间的差异。

（三）态度与合作精神

在幼儿篮球活动中，态度评价主要包括儿童在活动中的出勤状况，跟随练习的专注度，活动练习中是否能够保持专注，能否在练习中克服障碍，挑战自我、战胜自我等行为。在合作精神方面主要包括：能否理解和尊重他人，能否表现出良好的人际交往能力和合作精神，是否主动承担小组学习中的任务等行为。

第四节　幼儿篮球教学活动指导师工作评价与反馈

一、幼儿篮球教学活动指导师评价的内容

（一）基础素养的评价

幼儿篮球教学活动指导师基础素养的评价主要包括幼儿篮球教学活动指导师的职业道德和教育科研能力方面。职业道德的评价内容包括幼儿篮球教学活动指导师的价值观、人生观、社会意识、教学观念以及能否把幼儿的身心健康发展放在第一位；是否具备良好的日常行为规范，做幼儿行动的榜样等。教育科研能力的评价主要包括幼儿篮球教学活动指导师能否根据教育大纲的更新转变自身的教学观念；不断充实和完善自身的指导能力；根据篮球活动开展的实际情况创新教学方式，编创

新颖的幼儿篮球游戏等。

(二) 活动设计和实践能力的评价

对幼儿篮球教学活动指导师活动实践能力的评价主要包括对活动指导的设计和活动指导的实际过程的评价。指导活动设计的评价主要包括幼儿篮球教学活动指导师是否能够围绕幼儿身心健康发展的核心指导思想确定活动目标、内容、评价，是否根据幼儿身体发育规律科学地安排运动负荷、运动强度和练习密度，能否根据幼儿的认知情况确立正确的教学方式和技能学习，能否根据基础条件设施确定合适的教学内容和组织形式。实际过程的评价主要包括幼儿篮球教学活动指导师是否根据预定的活动设计进行活动指导，从事体育与健康教学必须具备的基本技能的掌握情况，教学理论、教学方法的掌握以及实际运用情况。

(三) 组织管理能力的评价

组织管理能力是幼儿篮球教学活动指导师评价的重要指标，具备良好的幼儿篮球活动组织管理能力是保障幼儿篮球活动顺利进行的决定性因素。幼儿篮球教学活动指导师组织管理能力的评价内容包括：幼儿在篮球活动中的表现，如执行力、练习秩序等；是否了解各个幼儿的心理特征、情感特征；是否能够激发和保持幼儿对篮球运动的兴趣，是否能够与幼儿保持良好的关系等。

二、评价方法

(一) 领导评价

领导评价是指教育行政领导、幼儿园园长、篮球教研组长、教导主任以及幼儿篮球合作机构领导对幼儿篮球教学活动指导师的评价，是对幼儿篮球教学活动指导师的日常行为，具备的价值观和人生观，对待幼儿的态度以及活动指导目标的达成度进行的综合评价。领导评价是促进幼儿篮球教学活动指导师进步的有效外部机制。

(二) 家长评价

在所有的评价方法中，能够反映幼儿篮球教学活动指导师教学能力和活动开展状况较客观的评价指标是家长评价。原因是家长与幼儿篮球教学活动指导师的接触较少，可以避免主观意识的干扰。儿童会向家长吐露心声，分享自己在篮球活动和指导师的体验和喜好程度。如果家长反映自家儿童对篮球活动产生了恐惧或者厌恶等心理，指导师便要考虑是否在课堂中对孩子区别对待、是否打击到幼儿的自尊心、运动强度和难度是否过大等，并及时作出调整。

(三) 儿童评价

在幼儿篮球教学活动开展的过程中，儿童是指导活动的直接对象，对篮球指导师有最全面的接触和最深切的了解，对指导师的教学效果和自身在活动中学到的知识和技能感受也最为深刻。幼儿篮球教学活动指导师通过儿童的评价可以发现自己在教学上的优点和问题，及时调整、改变和更新自己的教学内容，反思自己的教学行为，不断提高和完善自己的活动指导能力和职业素养。

（四）同行评价

幼儿篮球教学活动指导作为一项专业的工作，需要借助同行的评价，才能保证评价的效度。具体的评价内容包括活动的设计是否以幼儿身心健康发展为核心，活动安排是否能有效排除安全隐患，儿童通过学习和练习能否获得愉快的心理体验和养成运动兴趣等。同行评价能够交流工作经验，促进指导水平的提高。

（五）自我评价

幼儿篮球教学活动指导师的自我评价是指根据自己在活动指导后的感受，回想指导过程中出现的问题及应对状况，并进行反思。自我评价，有利于幼儿篮球教学活动指导师自我认识、自我教育，培养自我意识并自我提高。自我评价是促进自身职业素养提高的有效动力机制。

三、教学反馈指标

（一）儿童在活动中的表现

儿童在幼儿篮球活动中的表现是反映活动开展状况的最直观指标。观察幼儿在活动中的出勤与表现，可以为幼儿篮球活动学习情况评价和幼儿篮球活动指导师的指导能力评价提供一定的依据。如：幼儿是否对篮球活动充满期待，能否认真倾听指导师的口令，能否积极地参与活动练习，能否通过一定的练习掌握动作技能等。

（二）活动目标的达成程度

活动目标的达成程度与幼儿篮球教学活动指导师的指导实践能力有着密切的联系，指导实践能力越强，目标的达成越轻松。具体内容包括：儿童能否通过练习达到预定的运动负荷以促进身体机能的发展；是否达到了本次活动技能要求掌握的基本要求；是否确保了儿童愉快的心理体验，增进幼儿对练习的兴趣；是否密切了活动指导与儿童篮球技术的衔接程度等。

（三）儿童的发展变化

幼儿的发展变化是指通过一段时间的活动指导，幼儿所发生的显著性变化。反馈的内容包括身体指标和行为指标。身体指标包括幼儿身体素质的增长情况，身体形态的发育状况，不同环境的适应能力以及儿童身体和篮球运动结合之后的控制能力。行为指标包括幼儿参与篮球活动的积极程度，是否更加乐于参加集体活动，是否养成了良好的集体意识和体育道德规范等。观察儿童的发展变化情况，看到儿童的成长与进步，能够更加激发幼儿篮球教学活动指导师对幼儿篮球指导事业的热爱。

（四）课余时间的参与

幼儿在课余时间或闲暇时间参与到篮球活动中，表明通过一段时间的活动，幼儿参与篮球活动的积极性得到提高，养成了对篮球运动的兴趣，客观地反映了幼儿篮球指导活动目标的达成。同时，闲暇时间幼儿在家庭或者社区中参与篮球运动对促进我国社会体育的发展有一定的积极性影响。

第五节　幼儿篮球教学活动指导师工作的延伸

一、建立幼儿园和家长的沟通教育平台

通过举办篮球亲子活动，让家长和孩子一起参加篮球比赛、练习篮球技巧、挑战篮球游戏等，可增强家长和孩子之间的沟通和互动，同时也促进家校合作。邀请幼儿园附近的社区或其他幼儿园进行篮球比赛，并邀请家长们前来观看比赛。这样不仅能够让孩子们感受到比赛的气氛，同时也能够让家长们更好地了解幼儿园的教育理念和教学成果。举办篮球教学分享会，邀请篮球教练来介绍篮球技巧和战术，并与家长们共同探讨如何培养孩子对于体育运动的兴趣和热爱。这样不仅能够提高家长对于幼儿园的认识和了解，同时也能够促进家校之间的交流和合作，建立幼儿篮球指导师与家长沟通的平台。

二、培养幼儿社会意识和道德规范

篮球比赛有明确的规则和条款，让幼儿了解并遵守这些规则，可以帮助他们理解社会生活中的法律和制度，同时也有助于培养他们的纪律性和责任感。比赛中，幼儿需要不断地与队友、对手和裁判沟通，这种交流可以帮助他们学会如何表达自己的想法和意见，并学习如何倾听别人的看法。篮球比赛是一种竞争性活动，适当的竞争可以激发幼儿的斗志和自信心，同时也可以帮助他们学会如何处理失败和挫折。在比赛中，教练或家长应该引导幼儿学会公平竞争。这包括尊重对手、遵守规则、不欺负弱小等。通过这些活动，幼儿可以学会如何成为一个正直的人，并培养

他们的道德观念。

三、丰富幼儿园文化活动

可以将篮球作为主题日的一部分，设计各种与篮球相关的活动，如制作篮球手环、画篮球场景等，让幼儿在玩耍中了解篮球文化。可以在幼儿园内设置一个小型的篮球展览区域，展示有关篮球历史、名人以及精彩瞬间等内容。这样可以让幼儿更深入地了解篮球文化，并激发他们学习和探索的兴趣。此外，还可以在文化活动中安排篮球表演节目，如篮球杂技、篮球舞蹈等，让幼儿在欣赏和参与中感受到篮球文化的魅力。这些活动，可以帮助幼儿在玩耍中学习、在体验中成长，同时也能够丰富幼儿园的文化活动，提高幼儿的综合素质和文化修养。

四、培养幼儿坚强的心理品质

首先，篮球是一项需要耐力和毅力的运动。在比赛中，幼儿需要进行持续奔跑、跳跃和投篮等动作，这需要他们具备坚韧不拔的毅力和顽强的意志力。因此，在指导活动中可以适当增加运动量和难度，让幼儿在挑战自我的过程中逐渐培养强大的心理素质。其次，篮球是一项团队合作的运动。在比赛中，每个人都有自己的角色和责任，需要相互配合才能取得胜利。通过训练和比赛中的合作与沟通，幼儿可以学会团队合作、协作能力和交流技巧。这些技能对于其未来的成长和生活都具有重要意义。第三，篮球是一项需要冷静思考和快速反应的运动。在比赛中，幼儿需要根据场上情况做出正确的判断，并迅速做出反应。这种思考和反应能力可以帮助幼儿在日常生活中更好地应对各种挑战和困难，培养出坚韧不拔的优良品质。最后，篮球是一项需要不断进步和提高的运动。在训练中，幼儿需要不断挑战自己、超越自我，才能取得更好的成绩。这种积极向上的心态可以帮助幼儿在面对挫折和失败时保持乐观、积极的心态，从而培养出坚强的心理素质。

五、培养幼儿探究意识和创新精神

篮球活动是一项有趣的运动，不仅可以帮助幼儿锻炼身体，还可以培养他们的探索能力和创新精神。在篮球活动中，幼儿篮球教学活动指导师可以创设多样化的游戏规则，例如改变比赛时间、人数、场地大小等，让幼儿在不同的规则下进行比赛。这样可以激发幼儿的探索欲望和创新思维，让他们尝试不同的策略和技巧来应对不同的情况。另外，在篮球活动中，也需要鼓励幼儿尝试新技能。例如，让他们尝试使用非惯用手投篮、传球等。这样可以帮助幼儿拓展思路，尝试新事物，还能提高他们的技能水平。同时在篮球活动中，团队合作是非常重要的。让幼儿自主制定比赛策略和战术，并在比赛中积极配合，既可以培养幼儿的创新思维和领导能力，还可以提高他们的团队协作精神。总之，通过篮球活动培养幼儿的探索能力和创新精神需要我们提供多样化的教学资源，创设多样化的游戏规则，鼓励幼儿尝试新技能，并且鼓励幼儿进行团队合作。这样可以帮助幼儿全面发展，并且为他们未来的成长奠定坚实基础。

第八章
幼儿篮球运动训练指导师

第一节　幼儿篮球运动训练指导师角色描述

一、幼儿篮球运动训练指导师的角色定义

幼儿篮球运动训练指导师是幼儿篮球运动＋综合性课程打造的"体育特化型幼儿教师"。他们不仅需要促进幼儿生理发育，同时要对幼儿关键动作发展进行指导，还要对幼儿心理发育实施健康的引导。幼儿篮球运动训练指导师应根据《3～6岁儿童学习与发展指南》、《幼儿园教育指导纲要》以及《幼儿园教师专业标准》，结合幼儿五大领域发展，通过篮球运动教育与训练的实施，实现健康、语言、社会、科学、艺术内容的相互融合渗透，从不同角度促进幼儿情感、态度、能力、知识、技能等全方位的发展。

二、幼儿篮球运动训练指导师的角色指导范围

幼儿篮球运动训练指导师指导的对象大多处在幼儿阶段的大龄期，所以针对这个阶段的孩子，要从以下三个方面充分了解幼儿身心发展规律，并结合实际情况，因材施教、因地制宜完成指导。第一个方面，幼儿生理发育的促进包含大脑、肌肉、骨骼三个板块；第二个方面，幼儿关键动作发展的指导包含稳定性动作、移动性动作、操控性动作三个维度；第三个方面，幼儿心理发育的引导包含幼儿认知发展促进、幼儿完美人格塑造、幼儿专注力提高以及幼儿自我情绪调节四个部分。

（一）幼儿生理发育的促进方面

大龄期幼儿大脑发育虽然还不完善，但可以通过分析、综合、概括、抽象、比较、具体化和系统化的思维能力的培养，形成一定的自我认知和解决问题的能力，所以这个阶段的篮球运动训练指导需要更多地调动幼儿的思考能力，应设计出从"纯粹身体活动和本能运动"向大脑与身体共同参与的技巧类篮球运动发展的内容；同时随着幼儿的身体发育，肌肉和骨骼的生长，幼儿在速度、耐力、力量、灵敏性、协调性等方面也有了不同表现。在幼儿"跑、跳、投"以及"穿衣、吃饭、写字、画画"等能力进一步全面发展的前提下，也要对其运动技巧进行指导，需要对其实施正确的肌肉强化训练，使肌肉更加稳健。同时，针对这个阶段的儿童骨头软，虽

不易折但容易变形等特点，应注重形体方面的正确指导，保护关节不受伤害，保持幼儿的良好体态，让骨骼发育更健壮。

（二）幼儿关键动作发展指导方面

大龄幼儿阶段的孩子要在生活、学习和运动中形成稳定性动作、移动性动作和操控性动作，幼儿篮球运动训练指导师在开展对应的指导训练工作时要将三者紧密结合。

稳定性动作是所有运动能力的基础，是建立平衡系统最核心的要素，也是移动动作和操控动作的前提。稳定性动作的发展需要多频率的刺激，通过更多的运动刺激，激发幼儿对运动的更浓厚兴趣，所以一般而言，幼儿篮球运动训练指导师在指导过程中，要适度延长运动时长，保障幼儿一定的运动量和运动效果；但在活动指导中，务必注意增加活动的多样性和层次感，通过篮球活动的不同目标设计和难易度挑战环境创设，保证孩子对这项运动的持续兴趣。

在移动性动作的指导培养上，首先需要遵循幼儿运动能力学习的规律。幼儿移动能力发展经历了从初学时的前控制水平到高级初学者的控制水平，再到中间能力的运用水平，最后到高级者的熟练水平这样一个由低到高的过程。其动作发展也经历了四个阶段：①不能有意识地控制，需要创造更多的探索机会；②身体开始受意识控制，虽然不够熟练，但偶然性动作开始减少，这一阶段探索性练习依然是培养的重点；③幼儿的运动能力有了质的发展，能开始自主地根据情境需求，将多种运动技能结合，但会出现变形及不强化状态下的遗忘；④形成肌肉记忆，出现动作的自动化表现，能游刃有余地轻松表现，多余的不协调动作消失，可以在指导下参与正规的比赛。

操控性动作在大龄幼儿阶段的体现会更多一些，所以幼儿篮球运动训练指导师在这个阶段的指导过程中要有效提高幼儿对篮球的控制能力，实现幼儿操控性动作的发展。篮球运动训练中对篮球的抓握、停滚球、拍运球、抛接球、传接球、投掷球等动作练习，以及熟练后的有节奏训练等，都能够实现大肌肉群和小肌肉群的协同工作，发展视觉神经与手眼协调性，从而使幼儿能更好地通过对球的掌控，提升自身综合的操控能力。

（三）幼儿心理发育引导方面

幼儿篮球运动训练指导师通过篮球运动的组织开展来进行心理发育方面的引导，主要体现在以下五个方面：其一，在篮球训练中，孩子们会逐渐熟悉和掌握运球、投篮、传球等基本技能，这会让他们感到自己的能力在不断提升，从而增强自信心。其二，篮球运动在大龄幼儿阶段，开始涉及需要不断地重复练习的训练，以提高技能水平。在这个过程中，孩子们需要付出很大的耐心和毅力，这有助于培养他们坚韧不拔的意志与品质。其三，通过参加篮球运动训练，孩子们可以结交更多朋友，学会团队合作，增加社交机会，有助于他们的社交能力和人际交往能力的发展。其四，篮球训练需要遵循一定的规则和纪律，孩子们需要按时参加训练，认真听从幼儿篮球运动训练指导师的指导，这有利于培养他们的自律意识。其五，在篮球训练活动中，孩子们可能会遇到挫折和失败，这时需要他们保持冷静、镇定、乐观的态度，这有助于增强他们的心理素质。

总之，幼儿篮球运动训练指导师的指导，不仅可以促进幼儿身体素质的提高，还能够对孩子们的心理发育产生积极影响，帮助他们健康成长。

三、幼儿篮球运动训练指导师的角色意义

幼儿篮球运动训练指导师需要通过丰富篮球游戏活动形式、强化篮球集体教学内容、提升因材施教的水平、开发组织大型游戏活动等方式，帮助幼儿在篮球学习中取得进阶性发展，并正向引导与促进幼儿身心健康发展。

除此以外，幼儿篮球运动训练指导师需要通过运动训练指导，帮助幼儿阶段的孩子提升运动能力，培养良好的体育锻炼习惯；敦促幼儿保持健康的体重，预防超重与肥胖；有效提高幼儿免疫能力，减少其成年后患慢性疾病的风险；保护幼儿视力，控制近视率，让幼儿受益终身。

幼儿篮球运动训练指导师不同于游戏活动指导师和教学活动指导师，其任务是更加全面地指导孩子幼儿阶段的篮球发展，培养其综合能力，从而快速提升其对幼小衔接过程的适应能力。

第二节　幼儿篮球运动训练指导师专项理论与技能基础

一、幼儿篮球运动训练指导师理论与技能基础

幼儿篮球运动训练指导师开展指导的理论依据涉及几大学科领域，包含学前教育学、儿童心理学、儿童生理学、体育教育学、运动康复学等。幼儿篮球运动训练指导师在指导实施开展之前，须对幼儿生长发育的生理特征（包括遗传因素与生长敏感期等）、心理特征、容易造成的运动损伤与预防，以及身体训练的年龄特征等有

充分的了解。概括起来包含以下六个方面。

1. 幼儿身体发育和运动能力。了解幼儿不同阶段的身体发展变化，以及运动能力、协调性、反应能力等方面的特点。

2. 幼儿学习和认知理论。了解幼儿的学习特点、认知规律和心理状态，在训练过程中采用适合幼儿认知水平的语言和方式进行指导。

3. 篮球运动技能理论。掌握篮球基本技术和战术理论，制订科学的训练计划和课程。

4. 幼儿体验教育理论。注重幼儿身心发展，从游戏和趣味性入手，开展体验式的教学活动，提高幼儿学习的积极性和兴趣。

5. 幼儿健康管理理论。为幼儿制订科学合理的饮食和睡眠计划，预防和处理幼儿运动训练中的运动损伤，确保幼儿的身心健康。

6. 篮球联赛和竞赛组织管理理论。掌握篮球竞赛规则和组织管理方法，制订比赛计划和安排，引导幼儿树立竞争意识，培养团队合作精神。

二、幼儿篮球运动训练指导师的理论与技能的指导原则

幼儿篮球运动训练指导师需要掌握的理论与技能的指导原则包括以下方面。

1. 符合幼儿发展特征原则。幼儿身体和心理都处于快速发育阶段，幼儿篮球运动训练应该充分考虑幼儿的生理和心理特征，安排适宜的训练内容。

2. 教学目标与教学内容一致原则。幼儿篮球运动训练的教学目标应该与幼儿的年龄、身体条件和认知水平相匹配，并通过合适的教学内容体现出来。

3. 多重感官刺激原则。幼儿篮球运动训练应该通过多种感官刺激方式，如视觉、听觉、触觉、运动等，促进幼儿的身体和认知发展。

4. 个性化教学原则。幼儿篮球运动训练应该因材施教，根据每个幼儿的年龄、身体条件和认知水平制订个性化的训练计划和教学方法。

5. 游戏式教学原则。幼儿篮球运动训练应该采用寓教于乐的游戏式教学方法，激发幼儿的学习兴趣和动力。

6. 反馈机制原则。幼儿篮球运动训练应该建立合理的反馈机制，及时纠正幼儿不良的运动姿势和习惯，促进幼儿的进步和提高。

7. 身心健康优先原则。幼儿篮球运动训练应该以幼儿的身心健康为主要目标，防止过度训练和损伤风险的发生。

总之，幼儿篮球运动训练指导师在实践工作中需要遵循以上理论与技能的指导原则，为幼儿提供科学、有效和有益的运动训练和活动实践。

三、幼儿篮球运动训练指导师理论与技能的指导方法

幼儿篮球运动训练指导师的指导方法应基于幼儿的生理、心理和认知特点，以及幼儿的学习需求和兴趣爱好。以下是一些常用的指导方法。

1. 游戏化教学法：幼儿喜欢玩耍，因此将学习内容转化为游戏可以吸引幼儿的注意力和积极性，提高学习效率。

2. 模仿教学法：幼儿会模仿成年人的行为，因此指导师可以示范正确的篮球动作或技能，引导幼儿模仿并逐步掌握。

3. 分步教学法：将复杂的篮球动作或技能分解为易于理解和掌握的步骤，在幼儿逐步掌握基础技能后，再逐步提高难度。

4. 奖励教学法：及时给予幼儿积极的反馈和奖励，可以增强幼儿的学习动力和自信心。

5. 个性化教学法：针对不同幼儿的个体差异和学习需求，采用不同的教学方法和策略，帮助每个幼儿实现最大化的学习效果。

以上指导方法应结合幼儿篮球教学的原则和实践经验，在指导过程中不断调整和完善，以提高幼儿的学习兴趣和能力，促进幼儿身心综合发展。

第三节 幼儿篮球运动训练指导师核心工作

幼儿篮球运动训练指导师的核心工作是指导幼儿进行篮球运动训练，帮助幼儿掌握基本的篮球技巧和战术，提高身体协调性和灵活性，增强体质和健康水平。根据不同标准，幼儿篮球运动训练指导师的核心工作有不同的划分。

一、幼儿篮球运动训练指导师核心工作的划分

（一）按运动训练层面的具体工作内容来分

按运动训练层面的具体工作内容来分，幼儿篮球运动训练指导师的工作包含制订计划、球技指导、素质练习、安全防范、活动组织以及家校共育六个方面。

1. 制订训练计划。根据幼儿的年龄、身体特点和篮球水平，制订科学合理的训练计划，包括训练内容、时间、强度和周期等。

2. 球技指导。针对幼儿的技术水平和特点，进行技能指导，包括传球、接球、投篮、运球、防守等基本技能和战术。

3. 身体素质训练。通过体能训练，加强幼儿的耐力、速度、灵敏度、协调性和柔韧性，提高身体素质。

4. 安全保障。制定安全操作规程，确保幼儿在训练中安全无虞。

5. 竞赛组织。根据幼儿的年龄和水平，组织合适的篮球比赛，提供机会让幼儿锻炼实战能力，培养良好的精神素质。

6. 家长沟通。及时与家长沟通幼儿训练情况和进展，分享训练成果和建议。

（二）按幼儿学前教育的发展领域分

按幼儿学前教育的发展领域分，幼儿篮球运动训练指导师的工作是在健康、语言、社会、科学与艺术五大领域内，对篮球运动训练方面进行全面指导。主要包含如下五项核心工作内容。

1. 身体运动领域。篮球是一项身体素质要求较高的运动，需要幼儿耐心坚持训练。运动训练可以建立幼儿的身体自信，增强他们的体能和协调性。通过篮球运动，可以全面培养幼儿的身体素质，包括耐力、协调性、灵活性等。同时，在教学过程中注重技能的练习和巩固，帮助幼儿掌握基本篮球技能和动作规范。

2. 语言沟通领域。篮球运动可以通过口头指导和交流进行，这意味着幼儿可以通过参与篮球活动来提高他们的语言能力。鼓励幼儿说出自己的想法、询问问题和表达自己的感受。篮球运动训练指导师通过讲解篮球相关术语和规则，帮助幼儿了解篮球的基本知识和技能，例如"投篮""防守"等。同时，采用比较抽象的篮球概念来拓展幼儿词汇量，例如"三人制""四人制""挡拆""战术"等。

3. 社交情感领域。篮球是一项团体运动，需要多人合作完成。幼儿可以通过与其他队员互动来发展自己的社交情感能力，建立友谊并改善与他人的关系。篮球活动组织需要队员之间合作、竞争以及相互鼓励，培养幼儿的团队精神和集体荣誉感。同时，篮球运动强调公平竞争、尊重他人，能帮助幼儿树立良好的道德观念和价值观。

4. 艺术审美领域。篮球运动本身具有艺术性。可以引导幼儿欣赏和学习篮球运动中的美学元素，如流畅的动作、协调的姿势和精准的投篮。篮球运动也有着自己的艺术魅力，可以通过欣赏篮球比赛视频或图像，带领幼儿了解和欣赏篮球运动的美感。同时，引导幼儿通过绘画、手工等形式表达对篮球的理解和感受，培养幼儿的艺术审美能力和创意表现力。

5. 世界人文领域。篮球是一项全球性的运动。可以通过向幼儿介绍不同国家和文化背景的篮球运动，帮助幼儿理解和尊重不同文化。通过介绍不同国家和地区的篮球文化，帮助幼儿了解不同民族和文化的特点和差异，拓展幼儿的国际视野和多元文化认知。同时，通过比较国内外篮球文化的异同点，帮助幼儿认识到本土与国际化相结合的发展趋势和持续推进跨文化交流的重要性。

总之，幼儿篮球运动训练指导师应重视幼儿的身体运动、语言沟通、社交情感、艺术审美和世界人文领域的能力，注重培养全面素质，为幼儿未来的成长打下基础。通过幼儿篮球基本运动训练的拆解与组合、技术与战术运用、律动编排与组织、活动礼仪与赛场文化、活动设计与安排以及营养与损伤预防等方面，以篮球为主题来开展幼儿的能力培养，有效地提高幼儿的综合素质和社交技能，同时也增强幼儿对这项体育运动的喜爱和兴趣。

二、幼儿篮球运动训练指导师核心工作的具体内容

（一）训练内容的设计与组织实施

在幼儿篮球集体教学活动中，幼儿篮球运动训练指导师应该重点考虑以下几点来组织和实施训练内容。

1. 设计训练计划。根据幼儿的年龄、身体素质、兴趣爱好等因素制订符合他们自身特点和能力水平的训练计划。这包括训练目标、训练方式、训练强度等方面。计划内容应逐步向高难度技能和战术转变，通过分解训练，由简到难达到目标。

2. 培养基本技能。幼儿篮球运动训练指导师在指导中应强调基本技能的培养与训练，如传球、接球、运球、投篮等基础技能，这是整个篮球技能体系的基础，同时也是幼儿后期技能发展的基础。

3. 游戏化训练。在幼儿早期教育中，游戏化训练是一种非常有效的教学方法。游戏化的形式，可培养幼儿对篮球的兴趣和热情，提高其训练积极性。在游戏过程中，加入各种篮球技巧的教学，让幼儿在玩的过程中学到更多的知识和技能。在幼儿篮球集体教学中，幼儿篮球运动训练指导师可采用多种游戏方式，使幼儿在玩乐中完成技能训练。

4. 多样化训练。为了激发幼儿对篮球的兴趣，幼儿篮球运动训练指导师应该提供多样化的训练形式。设计不同的训练项目和活动，以满足幼儿个性化的需求，增加训练的趣味性、多样性和灵活性，从而更好地吸引幼儿注意力，减轻学习压力。比如，交替进行技能训练和球赛训练，活动中加入音乐、小挑战等方式，都能增加幼儿的参与度。

5. 常规化训练。为了提高幼儿的训练效果，幼儿篮球运动训练指导师应该制

订稳定的训练时间、周期和合适的内容计划，使幼儿能够在常规的训练中逐渐提高技能水平和身体素质。建立规范化的训练流程，让幼儿习惯训练的规律性和有序性，促进其认知和学习。给予幼儿足够的时间和机会在课程中慢慢调整和提高自己的水平。

（6）分组训练。为了保证幼儿在集体教学活动中能够得到更好的指导和关注，应按照幼儿的能力水平分组，进行不同强度的训练和技术指导，营造良好的学习环境，提高训练的效率。幼儿篮球运动训练指导师可以根据幼儿的年龄、身体素质等因素进行分组训练，以便为不同水平的幼儿提供更加个性化的教学。

总之，在幼儿篮球集体教学活动中，幼儿篮球运动训练指导师应该遵循恰当的训练原则、方法和步骤，使幼儿在愉悦的氛围中，逐渐掌握篮球技能，提高身体素质，增强心理素质。同时也为他们建立正确的健康观念，培养健康生活方式，为今后的成长打下良好的基础。

（二）游戏活动的设计与组织实施

幼儿篮球游戏活动，很多都是幼儿自主、自发进行的以篮球为媒介，结合身体动作而形成的一系列游戏活动。这里的幼儿篮球游戏活动是指教师组织的集体性游戏活动，其目的是告诉幼儿游戏的方法，让幼儿进行自主活动并组织幼儿进行集体性游戏活动。主要表现在：以幼儿篮球动作的练习为基础内容，包括抛、绕、转、抱、滚、抬、踢、接、运、传、投等基本动作的练习，提高身体素质；以篮球游戏活动为基本形式，具备情景模拟、角色扮演、设置规则、趣味娱乐、比拼竞技等特性。幼儿篮球游戏活动注重的是发展幼儿身体素质和基本活动能力。幼儿篮球运动训练指导师应该鼓励幼儿结合生活实际开展自主的篮球游戏活动，充分挖掘篮球的趣味性，培养幼儿对篮球的喜爱。幼儿篮球运动训练指导师在设计游戏活动时，需要评估是否满足篮球游戏活动要素设计，包括时间、场地空间、运动技能、器械、环境与情境（固定性环境和创设性环境）、群体与个体关系以及胜负概率等。

幼儿篮球运动训练指导师在设计幼儿篮球游戏活动的时候，应该注重游戏性和趣味性，符合幼儿的认知特点和兴趣爱好。幼儿篮球游戏活动的设计组织应注重幼儿体能性与趣味性的结合，在符合各年龄对应的力量、速度、耐力、柔韧、协调和灵敏等身体素质前提下，设计一定的运动负荷量基础，在走跑跳投等形式上，多一些游戏情境类的组织形式，保持幼儿的学习兴趣。同时恪守竞技性与安全性，让游戏既生动又直观，内容简明扼要，又体现全面、遵循实践性与理论性结合的原则。

下文根据游戏设计类别的不同，给出一些适合幼儿的篮球游戏活动设计方案，以供参考。

1. 球传递类：将幼儿分成小组，固定起始点和终点，要求每个小组在规定时间内完成多次传递，传递成功可得到相应的奖励或积分。

2. 套环比赛类：在场地中央放置一个球桶，悬挂几个不同大小的圆环，小组轮流运输球到球桶，并尝试将球穿过圆环。比赛采用积分制，完成任务后得分最高的小组获胜。

3. "龙虎斗"类：两名或多名幼儿一起拍球前进，要求通过技巧和智慧超过对方，最先拍球到达终点者获胜。

4. 投篮追逐类：设置多个投篮点，幼儿可以自由选择，每个点的得分不同，规定时间内，按照顺序完成进球数量最多的幼儿获胜。

5. 篮球接力类：将幼儿分成若干小组，在场地中设立若干个传球点，要求小组内最后一名队员把球扔进篮筐得分，首先获得设定分数，或时间用尽时，分数最高的小组获胜。

总之，在设计幼儿篮球游戏活动时应该考虑到幼儿的认知特点、体能水平、团队合作精神等多方面因素，并且要保证安全性和教育性。根据孩子们的年龄特点，在游戏设计中适当加入一些生动有趣的课程内容，这样可以更加容易地吸引幼儿的注意力，并让他们感受到学习篮球的乐趣。

（三）幼儿器械律动操的编排与组织实施

这里的幼儿器械律动操是以篮球作为器械，以篮球的基本动作和基本技术为主要内容，结合各种健身舞操动作和各种队形变化，配以音乐伴奏所组成的一套完整的幼儿花式团体篮球操。它具有健身性、趣味性、观赏性和艺术性等特点，根据对象的年龄、水平等情况，以及锻炼或表演的要求，结合3～6岁幼儿特点，融动作、方向、队形、伴奏音乐于一体。球操是一项较为复杂的创造性工作，要求创编者既具有较为丰富的篮球运动知识，又具有一定的音乐、舞操等知识。

幼儿篮球训练指导师须具备指导不同年龄阶段的幼儿开展匹配幼儿身体发展水平的篮球操的能力。好的篮球操可以用作幼儿的早操，也可以作为表演展示的方式，同样也可以用来参加比赛，满足多种需求。幼儿在活动中，体验乐趣、培养兴趣，同时也锻炼身体。

1. 在创编过程中，篮球操的基本动作、技术、舞操和音乐等元素的选择都必须适应幼儿身心发育的特点，除球类的基本动作（运球、传球、接球、耍球、跑动等，有单手的、双手的，有前后的、左右的，有均速的、变速的，有站姿的、坐姿的等）和技术动作（抛、绕、转、抱、滚、抬、踢、接、运、传、投等）以外，还需要有幼儿健身舞操的动作，以丰富成套动作的动作要素。同时必须充分考虑花式球操对增强幼儿身体健康水平，提高幼儿身体素质，促进幼儿心理、智力和美学发展的作用。

2. 创编幼儿花式篮球操时，根据用途的不同，创编的内容和参考方向选择也会不同。如果是参赛，那么规程是最高准则，必须熟知规程，并以此规范项目内容、形式及其发展方向，同时，以行为准则、技术标准和评定标准等作为编排依据，创编出符合展演要求的篮球操。还有一种是适宜园部早操、起床操等场景下使用，简单易操作且能实现体育锻炼的目的，能满足绝大部分幼儿的运动水平的篮球操。无论是参赛还是满足园部自身活动需求的篮球操创编，都需要考虑创编中动作的方向路径、队形变化、音乐选取及创作等要素的合理安排，以形成一套优秀的篮球操。

3. 幼儿篮球训练指导师在篮球操编排中务必遵循以下几个原则。其一，适宜性原则：大班幼儿的身体发展及生活经验较中、小班幼儿有了很大程度的提高，可以根据他们的能力把一些富有艺术性的动作和球操动作结合起来，如两人传接等。其二，趣味性原则：以幼儿感兴趣的情节来编排操节内容，能较好地提高幼儿参与活动的积极性。幼儿篮球运动训练指导师应在幼儿玩篮球的活动中观察和了解幼儿的运动兴趣和特点，充分把握幼儿的兴趣和愿望，使幼儿在体验篮球早操运动的乐趣中自主学习动作。其三，合作性原则：幼儿将来要在社会上立足并充分发挥自己的力量，就必须学会与他人合作，将自己融入集体中。如篮球操可以发挥2～4人的合作优势，以击地传球等方式促进幼儿间的相互合作。其四，和谐性原则：要选配恰当的音乐，节奏鲜明、旋律欢快，可以几段音乐有机地穿插，球操的背景音乐可以更加有起伏变化。其五，科学性原则：根据幼儿身心特点、年龄特点，对篮球操的时间、强度等进行科学设计，动静交替，以满足幼儿对篮球操的兴趣。一套好的篮球操，必须考虑到幼儿身体各部分（上肢、下肢、颈部、腰部、关节等）都能达到运动的要求，操节的动作编排应较为全面，富有整体性。在篮球操中，幼儿从安静状态进入活动状态，然后至活动结束后回到安静状态，是一个完整过程。这就要求操节各环节必须科学安排、合理连接，遵循循序渐进的原则，使运动强度适当，以促进幼儿健康发展。篮球操的编排也要遵循运动负荷的强度"曲线上升—波形进展—曲线下降"规律，巧妙地把各环节连接起来，既激发幼儿做早操的兴趣，又使幼儿得到充分的锻炼。其六，顺序性原则：整套操开始的几节，是使人体的神经系统和各器官从原来的静止状态，经过快慢和强弱比较适度的动作，逐渐进入兴奋状态，中间几节一般应安排运动量比较强或比较紧张的动作，最后做一两节较轻松的四肢运动和呼吸运动，使身体各部分机能由兴奋状态逐渐恢复到运动开始前的平静状态。其七，创造性原则：要避免动作重复、枯燥无味，可以通过改变身体姿势、改变动作的方向、幅度、速度、路线和节奏等方法，突破人们已知、传统的框架，创造性编排出新颖、独特并具有时代感的动作，提高幼儿的兴趣和锻炼效果。如我们可以先根据音乐的风格设计一些具有该风格的独特、优美的动作，把舞蹈动作与基本体操动作进行有机结合,组成一个个动作组合,再根据音乐的段落把动作放在相对应的队形中表现出来,这样整套操的动作就会优美流畅,同时把独特的音乐主题发挥得淋漓尽致。编排时,我们不应仅仅局限于动作,还可以通过空间的利用、节奏的变化、人员的组织与调动、路线的移动等来体现动作的新颖性、创造性。

(四)幼儿篮球活动的策划与组织实施

1. 关于幼儿篮球活动的策划组织选择要点

选择幼儿篮球活动时应从活动目标出发,向幼儿进行正能量的教育,反对负面效应的活动设置。一般来说,园所涉及的活动基本包含这些形式:晨间活动、户外活动、专门的篮球游戏活动或篮球集体教学中的游戏,以及其他教育系统、体育系统及政府部门组织的各类大型参与性活动。不管是何种形式,都要注意情节、动作、规则等符合幼儿年龄特点和现有水平,游戏活动要包括各种不同动作,并根据不同季节、运动负荷、人数、场地设备及天气情况灵活选用。

趣味性是幼儿篮球活动的本质特征之一,如果没有趣味性,就不能称为游戏活动了,也就不能吸引幼儿。但要想使幼儿在情趣盎然中身体得到锻炼,情操得到陶冶,单凭趣味性是不行的,必须把品德教育渗透到游戏教学活动的全过程,全面发挥篮球游戏活动的多向育人作用。

因此,在组织活动时应把趣味性作为直接推动幼儿主动学习和锻炼的内在动力,把品德教育作为教育的积极手段,并把两者有机地结合起来,使幼儿在有趣的游戏活动中,既自觉地锻炼了身体,又从中受到了品德教育。

2. 幼儿篮球活动前必需的组织准备

幼儿篮球运动训练指导师在组织活动前需要了解全体参与活动幼儿的体质、能力、性格、品德等情况,熟悉活动内容,领会教材作用,掌握活动动作,明确活动规则,考虑好怎样组织,提出什么要求,注意什么问题等。此外,还要准备好所需的活动教具、器械或玩具,并进行器械检查,合理布置好场地,注意安全教育,防止事故发生。

3. 幼儿篮球活动中需要使用教学语言

活动开始时,幼儿篮球运动训练指导师要用生动形象和幼儿能够理解的语言,向全体幼儿说明活动的名称、方法、动作要领、运动路线、交替信号、规则和结果等。讲解最好用"儿化"口吻,边讲边示范。在幼儿进行活动的过程中,幼儿篮球运动训练指导师仍要用口头提示的方法来纠正个别幼儿的错误。

4. 幼儿篮球活动须注重规则

在活动中,要严格要求幼儿遵守规则,培养幼儿自觉遵守规则的良好习惯。活动开展过程中，幼儿发生错误是难免的，一般多出于无意，或是因为心情迫切，注意力一时分散，动作技术不熟练，被游戏所吸引等造成。除较多的幼儿犯规或做错外，一般小的缺点不宜中止纠正，待该轮次游戏活动结束后，再指出问题和缺点。再者，要注意教会幼儿用正确的身体姿势去完成练习，防止因被游戏情节吸引而忽略身体的正确姿势。幼儿篮球运动训练指导师还要激发幼儿的兴趣，鼓励幼儿大胆又细心地完成动作。

5. 篮球活动的组织与安排

精心的组织、有效的队形和合理的分队，能保障篮球活动的顺利进行。安排活动的队形时，应遵循的原则是既让幼儿能相互观察，又便于活动进行。分队竞赛的活动，各队力量搭配要合理，相对均衡。活动中有引导性的人选，可以根据情况，由幼儿篮球运动训练指导师指定，也可由幼儿自己推选，还可以由幼儿轮流担任。要充分调动幼儿的积极性，使每个幼儿都能直接或间接、生动活泼地参与活动，以提高活动教学的整体质量。避免出现单纯地只注意活泼性，而缺乏科学的组织管理的现象，否则就容易出现活动纪律松散，现场无序，甚至引起伤害事故的发生。所以教师应注意将活泼性与组织管理的科学性相结合，如游戏场地的布置应注意合理性，示范讲解、手势或语言提示应该注意正确性，组织纪律、执行规则应强调严肃性等。

幼儿篮球运动训练指导师在组织活动时，一定要根据幼儿的生理和心理特点，适当增加游戏活动的竞争因素，以满足他们的欲望；但同时务必要加强有效的安全措施，以确保游戏教学活动的实际效果。竞争性与安全性的有效结合，取决于幼儿篮球运动训练指导师根据幼儿年龄特征的精心策划。首先，要重视活动名称的确定、内容的组合、教法的贴切选择；其次，要加强思想教育，引起幼儿的高度重视；再次，活动的组织方法要妥当，要明确活动路线和规则，避免碰撞事故等；最后，要注重场地的适宜性，器材数量的相符性，有效规避活动组织风险。

6. 幼儿篮球活动运动负荷的合理设置

幼儿篮球运动训练指导师在篮球活动设置时尤其需要关注运动负荷量的合理性。运动负荷过小，锻炼的效果不好；运动负荷过大，幼儿又承受不了，容易发生意外事故。合理的运动负荷能够达到促进机体机能发展的目的，要合理控制运动时间、运动强度和运动密度，从幼儿生理特点出发，及时调整，使幼儿活动达到最佳效果。同时在活动中要学会观察、判断幼儿运动负荷的外部表现，合理调控。运动超负荷的外部表现一般如下：幼儿继续参加游戏的兴趣下降，注意力分散，游戏效果差；幼儿极度兴奋或消沉，纪律松弛，犯规次数和人数急剧增加；面色发红或苍白，呼吸急促、表浅、节律紊乱，大量出汗。指导师要根据幼儿在游戏中生理机能变化情况和外部反映情况，及时掌握和调整运动负荷。

7. 幼儿篮球活动的结束与评价

幼儿篮球运动训练指导师应准确把握结束的时机。当幼儿对篮球活动已感到满足，但尚未产生疲倦时，是结束的最好时机。结束活动后，幼儿篮球运动训练指导师应及时讲评，首先要肯定成绩，在此基础上再指出不足。对于活动中出现的问题，要从幼儿身上看现象，从自身找原因，这样才能不断提高篮球活动的组织教学水平。活动结束时的评判工作是篮球活动教学的重要组成部分。幼儿对篮球活动的结果极为关注，尤其大班幼儿，更加在意胜与负的评判。而竞赛性游戏活动的裁判工作一般由幼儿篮球运动训练指导师担任，因此，幼儿篮球运动训练指导师在评判时必须根据规则要求，实事求是地作出明确、公正的裁决，否则就会挫伤幼儿以后参加活动的积极性，甚至影响幼儿对幼儿篮球运动训练指导师的信任。除此之外，幼儿篮球运动训练指导师在评判时还应注意鼓励那些失败者，以调动他们的活动积极性；特别表扬在篮球活动中勇敢顽强、积极拼搏、遵守纪律、关心同伴、热爱集体的幼儿，鼓励大家向其学习，教育大家争做勇敢的好孩子。对获胜者应注意向其提出更高的要求，勉励他们要谦虚谨慎，以争取更大的进步。同时还要启发幼儿把篮球活动中的收获渗透到平时的其他活动中去，争做身心全面发展的好孩子。

总之，幼儿篮球运动训练指导师需要组织策划的篮球活动包含的范围比较广泛，不仅是园部各种形式的日常活动，还包括家园共育的亲子活动、幼儿嘉年华、趣味篮球运动会以及衔接青少年篮球训练等大型活动的组织与实施，通过规范、有序、趣味、启发、适度、合理、全面的篮球活动的组织实施，促进幼儿的全面发展。

（五）幼儿篮球运动训练损伤与预防教育

幼儿篮球运动训练中，幼儿篮球运动训练指导师需要重视和关注运动损伤和预防方面的教育。以下是一些常见的幼儿损伤与预防的措施。

1. 扭伤和拉伤。这是最常见的运动损伤。幼儿篮球运动训练指导师应该确保幼儿进行足够的热身以做好准备。此外，在进行跳跃和转弯等运动时，应该教导幼儿正确的技巧和姿势，并确保他们穿着合适的鞋子，且地面平整不易滑倒。

2. 肌肉拉伤。幼儿篮球运动训练指导师需要监控幼儿的运动量，确保他们不会过度使用或滥用肌肉。此外，还应该教导幼儿正确的伸展和加强肌肉的方法。

3. 关节扭伤。幼儿篮球运动训练指导师应该确保幼儿正确地进行运动，并提示他们避免突然改变方向或停止运动。

4. 眼外伤。幼儿在打篮球时，眼部经常会受到伤害。幼儿篮球运动训练指导师要确保需要戴眼镜的幼儿在运动时戴上适当的护目镜。

5. 热衰竭和中暑。训练师应该确保幼儿在进行运动时有足够的水分和休息时间。在高温环境下，训练师应该监控幼儿的体温并及时采取措施。

以上是一些常见的损伤和预防措施，幼儿篮球运动训练指导师还需要根据具体情况进行适当的调整。

总之，幼儿篮球运动训练指导师的核心工作是科学规划、精准指导、全面训练，促进幼儿体质健康和篮球技能发展；通过科学、合理的训练计划和多样化的教学方法，培养幼儿的篮球技能，提高其竞技水平，促进幼儿的个性化发展和全面的素质提升。

第四节　幼儿篮球运动训练指导师工作延伸

幼儿篮球运动训练指导师的工作领域不仅在教学相长的幼儿教学过程中，更是延伸至幼儿篮球领域人才搭建的组织与培养中。幼儿篮球训练指导师不仅需要具备幼儿篮球游戏活动、教学活动、运动训练的综合指导能力，同时须具备培训和指导幼儿篮球游戏活动指导师及教学活动指导师的能力。

1. 幼儿篮球运动训练指导师培训和指导其他两类指导师的工作内容，一般而言涵盖以下方面。

（1）理论知识：幼儿篮球运动训练指导师需要传授篮球运动的相关理论知识，包括篮球规则、基本技能、战术、训练原理等，让其他两类指导师了解不同年龄段幼儿身体和认知发展的特点，以及如何根据这些特点制订适合的训练计划。

（2）训练方法与技巧：幼儿篮球运动训练指导师需要传授不同的训练方法和技巧，以帮助其他两类指导师有效地促进幼儿学习和提高篮球技能。这包括传球、接球、投篮、防守、运球等基本技能的教学方法和练习技巧。

（3）教学沟通技巧：幼儿篮球运动训练指导师需要传授与幼儿有效沟通的方法与技巧，以便其他两类指导师更好地理解和满足幼儿的需求。这包括倾听技巧、问问题的技巧、清晰明确的语言表达和积极的反馈等。

（4）动作分析与纠正：幼儿篮球运动训练指导师指导其他两类指导师，让他们学会分析幼儿的篮球动作，准确识别出存在的问题，并给予适当的纠正指导。这需要培养他们具备较好的观察力和分析能力。

（5）团队管理与领导力：幼儿篮球运动训练指导师需要学习如何有效管理幼儿团队，包括建立良好的团队氛围、激发幼儿的积极性和合作性、处理团队内部冲突等。同时，他们还要具备领导团队的能力，引导幼儿在篮球活动中取得进步。

（6）伤病预防与急救知识：幼儿篮球运动训练指导师需要让其他两类指导师了解常见的运动伤病预防措施，并学习基本的急救知识，以保障幼儿在训练过程中的安全。

（7）职业道德与行为规范：幼儿篮球运动训练指导师需要传授并让其遵守相关的职业道德和行为规范，包括尊重幼儿的权益和隐私、保持专业精神、遵守组织规章制度等。

通过这些培训内容，培养对象将能够更好地理解幼儿篮球运动的特点和需求，并具备指导幼儿参与篮球活动的必要知识、技能和态度。

2. 幼儿篮球运动训练指导师培训和指导其他两类指导师的流程

为了确保培训对象具备必要的知识、技能和经验，能够有效指导幼儿篮球活动，应对其实施有效的培训。有效的培训流程如下。

（1）学习篮球知识和技能。通过举办幼儿篮球各级别指导员培训班、研讨会、课程或自学等方式，帮助被培训对象获取相关知识，深入学习幼儿篮球游戏、集体教学、运动的规则、基本技能以及战术等方面的知识。

（2）参与实践和观摩。被培养对象积极参与实践，亲自动手进行篮球运动训练和说课，不断提高自己的技能水平。同时观摩其他经验丰富的指导师开展篮球活动。

（3）获取认证资格证书。被培养对象需要通过相应的考试，获得相应等级的资格认证证书，证明其具备一定的专业知识和技能。

（4）实践经验积累。在获得相关资质证书后，幼儿篮球指导师还需要通过实践指导幼儿进行篮球活动，积累经验，提升教练能力。可以与其他指导师合作、在运动训练指导师指导下进行实操，并及时总结反思，不断改进指导方法。

（5）持续学习更新知识。由于幼儿篮球运动发展和科学研究不断推进，幼儿篮球运动训练指导师需要持续关注最新的教学方法、训练理论和科学知识。可以通过参加行业会议、培训班、阅读相关书籍和期刊等方式来不断更新自己的知识和技能。

第五节　幼儿篮球指导师工作评价与反馈

一、幼儿篮球运动训练指导师的工作评价标准

对幼儿篮球运动训练指导师的工作评价应对其教学能力、管理能力、协调能力

以及师德师风等多个方面进行评估，以全面、客观地反映其工作表现和水平。其评价标准应包括以下指标。

1. 是否满足教学质量要求，教学内容是否符合幼儿的年龄和水平，教学方法是否多样化、生动有趣，教育效果是否达到预期目标等。

2. 是否具备良好的管理能力，是否制订完整的训练计划，并制定规章制度，能否有效地组织和管理幼儿，训练场地及器材的安排是否周全等。

3. 是否有安全监管意识和能力，是否在训练过程中时刻对幼儿的健康和安全实施监管。

4. 是否与家长、同事保持良好的沟通，是否与家长保持良好的联系和沟通，与同事合作是否愉快和谐。

5. 是否具备优良的师德师风，是否遵守教育法规，是否严格遵守职业道德标准，是否尊重孩子的权利和意愿等。

6. 是否具备协调能力，是否能够与园部其他老师及专管活动的机构部门进行有效合作和协同，共同推进活动顺利进行等。

二、幼儿篮球运动训练指导师的工作评价与反馈建议

幼儿篮球运动训练指导师的工作评价与反馈是非常重要的，它可以帮助指导师发现自身的不足之处，以进一步改善工作质量和水平。以下是针对幼儿篮球运动训练指导师的工作评价与反馈建议。

1. 搜集幼儿、家长以及其他老师的意见和反馈：通过问卷调查、面谈等方式，了解幼儿、家长以及其他老师对该篮球运动训练指导师的评价与反馈，这些反馈会提供有价值的信息和建议。

2. 持续跟进幼儿的进步和表现：通过时刻观察和定期测试、考核幼儿的训练表现和训练成果，评估幼儿在体能、技术和战术方面的进步情况，从而评估教学效果。

3. 及时反思自己的教学方法和策略：通过反思自己的教学过程，了解自己的优点和缺点，并针对不同年龄段、性别、水平的幼儿制订个性化教案。

4. 接受同事和上级的指导和建议：与其他老师密切合作，了解新的教学方法和策略，并且接受上级领导提出的建议和反馈，及时调整教学方法。

总之，幼儿篮球运动训练指导师需要不断地进行自我反思和改进，适应时代变化和不同的幼儿需求。只有不断提升自己的教育能力，才能让幼儿在篮球运动中体验快乐和成长。

参考文献

[1] 中共中央,国务院.中共中央国务院印发《"健康中国2030"规划纲要》[EB/OL].(2016-10-25)[2022-12-02].http://www.gov.cn/zhengce/2016-10/25/content_5124174.htm.

[2] 中华人民共和国教育部.《幼儿园工作规程》[EB/OL].(2016-02-29)[2023-06-05].http://www.moe.gov.cn/srcsite/A02/s5911/moe_621/201602/t20160229_231184.html.

[3] 中华人民共和国教育部.《教育部关于印发〈幼儿园保育教育质量评估指南〉的通知》[EB/OL].(2022-02-11)[2023-06-05].http://www.moe.gov.cn/srcsite/A06/s3327/202202/t20220214_599198.html.

[4] 中华人民共和国教育部.《教育部关于印发〈幼儿园教育指导纲要(试行)〉的通知》[EB/OL].(2001-07-02)[2023-06-05].http://www.moe.gov.cn/srcsite/A06/s3327/200107/t20010702_81984.html.

[5] 中华人民共和国教育部办公厅.《教育部办公厅关于开展幼儿园"小学化"专项治理工作的通知》[EB/OL].(2018-07-05)[2023-06-05].http://www.moe.gov.cn/srcsite/A06/s3327/201807/t20180713_342997.html.

[6] 中华人民共和国教育部.《教育部关于印发〈幼儿园教师专业标准(试行)〉〈小学教师专业标(试行)〉〈中学教师专业标准(试行)〉的通知》[EB/OL].(2012-09-13)[2023-06-05].http://www.moe.gov.cn/srcsite/A10/s6991/201209/t20120913_145603.html.

[7] 中华人民共和国教育部.《教育部关于印发〈3~6岁儿童学习与发展指南〉的通知》[EB/OL].(2012-10-09)[2023-06-05].http://www.moe.gov.cn/srcsite/A06/s3327/201210/t20121009_143254.html.

[8] 中华人民共和国发展改革委教育部人力资源社会保障部.《关于印发〈"十四五"时期教育强国推进工程实施方案〉的通知》[EB/OL].(2021-05-10)[2023-06-05].https://www.gov.cn/zhengce/zhengceku/2021-05/20/content_5609354.htm.

[9] 中华人民共和国国务院办公厅.《国务院办公厅关于印发体育强国建设纲要的通知》[EB/OL].（2019-08-10）[2023-06-05]. https：//www.gov.cn/gongbao/content/2019/content_5430499.htm.

[10] 江苏省教育厅体育卫生与艺术教育处.《省教育厅体育局关于开展江苏省幼儿篮球活动的实施意见》[EB/OL].（2019-07-19）[2023-06-05]. http：//jyt.jiangsu.gov.cn/art/2019/7/19/art_61418_8634660.html.

[11] 国务院办公厅. 国务院办公厅关于强化学校体育促进学生身心健康全面发展的意见[EB/OL].（2016-04-21）[2023-06-05]. https：//www.gov.cn/gongbao/content/2016/content_5074047.htm.

[12] Greg Payne, 耿培新, 梁国立. 人类动作发展概论[M]. 北京：人民教育出版社，2008.

[13] 李季湄, 冯晓霞.《3～6岁儿童学习与发展指南》解读[M]. 北京：人民教育出版社，2013.

[14] 王晖, 田旭琛. 美国篮球协会《青少年发展指南》特征及对我国"小篮球"运动发展的启示[J]. 体育科技文献通报，2022（3）：155-158.

[15] 聂鑫, 肖立斌, 王润斌. 美国篮球协会《青年发展指南》解读与启示[J]. 南京体育学院学报，2021，20（4）：30-36.

[16] 张岩宇."儿童作为研究者"中幼儿教师的角色定位及发展路径[J]. 教育导刊（下半月），2021（2）：49-52.

[17] 黄宇球. 幼儿篮球运动对4～5岁幼儿体质影响的研究[D]. 广州：广州体育学院，2020.

[18] 雷芳, 赵雄辉, 彭柳."十五"以来幼儿教师队伍建设研究述评[J]. 当代教育论坛，2009（13）：75-78.

[19] 裴晟孜. 重庆市幼儿篮球培训机构发展现状的调查研究[D]. 重庆：重庆大学，2019.

[20] 范春云."小篮球 大梦想"背景下长春市4～6岁幼儿篮球教学优化研究[D]. 吉林：吉林体育学院，2020.

[21] 王中杰. 5～6岁幼儿动作技能发展视角下篮球游戏教学设计与实证研究[D]. 吉林：吉林大学，2022.

[22] 程江浩."小篮球"计划背景下西安市青少年篮球培训机构的发展研究[D]. 西安：西安体育学院，2021.

[23] 郑丽微. 基于粗大动作能力发展目标下5～6岁幼儿篮球游戏的开发研究[D]. 南昌：华东交通大学，2020.

[24] 刘岩.《中国篮协E级教练员培训大纲》的实施过程及效果研究[D].北京：首都体育学院，2022.

[25] 郭雅楠.角色游戏中教师参与及指导情况的调查[J].科教导刊，2015（3）：189-190.

[26] 徐振远.4～5岁幼儿篮球教学大纲创编及实证研究[D].广州：广州体育学院，2021.

[27] 杜军.篮球游戏在5～6岁幼儿篮球教学中的应用研究[D].成都：成都体育学院，2022.

[28] 陈晨.动作技能发展视角下5～6岁幼儿小篮球活动内容设计与实验研究[D].石家庄：河北师范大学，2021.

[29] 宋婷.篮球游戏在幼儿不同年龄段的开展[J].新课程：教研版，2021（27）：43.

[30] 蔡育豪.篮球练习对6岁幼儿粗大动作发展的影响研究[D].南昌：江西科技师范大学，2022.

[31] 乔仲媛.浅谈幼儿园的篮球教学[J].世纪之星（交流版），2016（1）：73.

[32] 张元文.少儿篮球适宜教学体系的研究[D].苏州：苏州大学，2007.

[33] 陈竹梅.浅谈幼儿园趣味小篮球教学活动[J].读写算，2019（15）：66.

[34] 温赫柏.幼儿学习品质结构及其发展特点的研究[D].沈阳：沈阳师范大学，2018.

[35] 吴桂芳.趣味篮球园本特色课程的开发与研究[J].家教世界，2021（8）：44-45.

[36] 张文贺.郑州市区园企合作模式下幼儿篮球培训机构教练员教学现状研究[D].开封：河南大学，2021.

[37] 董豪.西安市城三区幼儿园篮球活动现状与对策研究[D].西安：西安体育学院，2019.

[38] 何东亮.幼儿篮球运动对6岁幼儿身心发展影响的研究[D].曲阜：曲阜师范大学，2017.

[39] 贺林珂，谭莹菲.现代幼儿教师角色探究[J].现代教育科学，2007（2）：123-124.

[40] 虞永平，张帅.从模仿借鉴到规范创新：新中国成立70年来幼儿园课程的发展[J].南京师范大学学报（社会科学版），2019（6）：34-48.

[41] 杨梅，曾彬.新时代教育评价视角下对幼儿教师角色游戏评价的思考[J].黑龙江教师发展学院学报，2023（2）：33-35.

[42] 王家宏，茅鹏.关于儿童、少年篮球适宜形式的研究[J].中国体育科技，

1997（Z2）：44-47.

[43] 杨展晨．幼儿活动中的教师角色差距探究[J]．2012（4）：7-9.

[44] 梁樑．关于幼儿篮球开展形式与竞赛内容的思考[J]．当代体育科技，2017（12）：168-170.

[45] 马中林，单丹．幼儿篮球教学的优势与策略探析[J]．科技教育，2021（15）：157-159.

[46] 李超．基于小篮球运动推广背景下校园体育文化建设与路径研究[J]．商丘师范学院学报，2022，38（6）：107-108.

[47] 何灵飞．幼儿园大班篮球活动的教学策略[J]．家教世界，2021（4）：40-41.

[48] 刘永峰，刘连红，严浩铭，等．欧洲篮球强国小篮球运动发展经验和启示[J]．成都体育学院学报，2023（1）：81-87.

[49] 李娟．幼儿园开展篮球教学的优势和必要性[J]．甘肃教育，2015（19）：54.

[50] 郑凯新．体育强国进程中小篮球竞赛体系优化策略研究[J]．青少年体育，2021（8）：51-53.

[51] 刘倩．幼儿园小篮球游戏化教学的实践[J]．家教世界，2022（18）：19-20.

[52] 杨泽森，张守伟．我国幼儿篮球适宜性游戏课程价值、发展困境及建设路径[J]．沈阳体育学院学报，2022，41（2）：32-38.

[53] 周玉亮，张莹，李博，等．3～4岁幼儿基本球类动作的实验研究[J]．江西电力职业技术学院学报，2020（11）：160-163.

[54] 冯力宇，陶玉流．西班牙小篮球运动发展历程、实践经验与我国镜鉴[J]．哈尔滨体育学院学报，2023，41（2）：73-78.

[55] 刘洪艳．3～4岁幼儿拍球活动探究[J]．教育实践与研究，2015，22（8）：44-45.

[56] 张梓钰．小篮球创编课程对幼儿身心促进的实证研究[D]．重庆：重庆大学，2021.

[57] 余卿．5～6岁幼儿粗大动作发展现状调查[J]．新体育，2022（8）：102-103.

[58] 肖华，朱俊杰，周万松．小篮球对幼儿灵敏素质的影响的meta分析[J]．体育科技文献通报，2022（2）：109-111.

[59] 姚洪．小篮球发展计划背景下南京市篮球特色学校的建设研究[D]．南京：南京体育学院，2022.

[60] 李莹．促进幼儿身心健康发展的体能游戏实践研究[J]．体育视野，2022（16）：71-73.

[61] 刘玮洁．小篮球运动对5～6岁幼儿注意力影响的实践研究[D]．大连：辽宁师

范大学，2021.

[62] 李明博．新时代"人的全面发展"的哲学逻辑[N]．光明日报，2019-02-11（15）．

[63] 王琨．动作发展背景下幼儿创新运动教育分析[J]．学周刊，2019（19）：181．

[64] 王佳，颜海波．新时代我国小篮球高质量发展的现实困境及优化策略研究[J]．辽宁体育科技，2023（1）：51-55．

[65] 陈阳，张书奇．动作发展视角下4～5岁幼儿体育活动内容体系构建[C]．第十二届全国体育科学大会论文摘要汇编：墙报交流（学校体育分会），2022：1288-1290．

[66] 郝晓岑，王婷．幼儿体育概念辨析[J]．首都体育学院学报，2017（1）：26-30．

[67] 虞永平，张斌．改革开放40年我国学前教育的成就与展望[J]．中国教育学刊，2018（12）：18-26．

[68] 陈晓燕．幼儿园"趣味小篮球"活动的价值及其实践[J]．学前教育研究，2023（4）：83-86．

[69] 徐剑．改革开放40年我国幼儿体育政策的演进分析及发展调适[J]．浙江体育科学，2021，43（1）：38-42．

[70] 还谷威，叶巍．综合课程背景下幼儿体育游戏开展的价值逻辑、困境与纾解路径[J]．当代体育科技，2023，13（12）：187-191，198．

[71] 孟昕彤．关于中外幼儿体育教育的研究综述[J]．体育世界，2019（12）：198，24．

[72] 许琰．在幼儿体育课程中开展趣味篮球的探究[J]．科学咨询，2020（36）：220．

[73] 杨丽萍．基于核心素养下有效开展幼儿体育健康教育的实践研究[J]．2019（18）：173．

[74] 洪丽雅．园本化幼儿体育课程开发的探索与实践[J]．教育艺术，2021（12）：79．

[75] 韩晓伟，周志雄．国际幼儿体育研究演进特征及启示[J]．北京体育大学学报，2020，43（5）：50-54．

[76] 梁羽佳．幼儿园幼儿篮球体育活动开展的案例研究[D]．锦州：渤海大学，2017．

[77] 万立花．教师在幼儿游戏活动中应扮演的角色分析[J]．作文成功之路（中旬），2016（6）：36．

[78] 刘天娥，蔡迎旗．幼儿园收取"赞助费"现象的原因分析与对策建议[J]．学

前教育研究，2014（10）：17-22.

[79] 虞永平．课程游戏化的意义和实施路径[J]．早期教育（教师版），2015（3）：4-7.

[80] 赵广高，吕文娣，付近梅，等．幼儿体质影响因素的决策树研究[J]．体育科学，2020（2）：32-39.

[81] 王雪婷．课程游戏化中幼儿教师的角色定位[J]．黑河教育，2019（3）：83-84.

[82] 白翠瑾，李哲，张茉，等．幼儿体育师资培养国际案例对中国的启示[J]．沈阳体育学院学报，2020，39（5）：32-39.

[83] 王权．篮球运动身体训练的基本原则[J]．辽宁体育科技，2006（4）：87.

[84] 李晶．学前教育专业体育方向人才社会需求与课程设置的研究[D]．沈阳：沈阳体育学院，2011.

[85] 刘琴．浅谈幼儿区域活动中教师的角色[J]．新课程（综合版），2018（1）：98.

[86] 邵天逸．学校体育"健康第一"思想的历史考察与现实审思[J]．天津体育学院学报，2023，38（3）：296-302.

[87] 沈雅文．浅谈幼儿园篮球活动指导策略[J]教育实践与研究，2016（25）：61-62.

[88] 周亮，邱苗，杨斌．我国幼儿体育发展的机遇、困境与对策研究[J]．山东体育学院学报，2020，36（1）：36-41.

[89] 马虹．浅析幼儿教师的角色定位及任教能力[J]．幼儿教育，2021（12）：91-92.

[90] 夏静怡．让幼儿在游戏中成长[J]．当代家庭教育，2019（22）：32.

[91] 郑益乐．我国幼儿教育成本分担机制探析[J]．教育导刊（下半月），2011（7）：8-12.

[92] 陈国强．学前教育专业开展幼儿体育专项课程的必要性[J]．科学咨询（教育科研），2020（12）：160.

[93] 周喆啸．3~6岁幼儿身体功能性动作体系的构建与实证研究[D]．石家庄：河北师范大学，2017.

[94] 葛乃琴．幼儿活动中教师的角色扮演[J]．2012（4）：44.

[95] 朱美容．幼儿教师体育教学能力评价指标体系的研究：以武汉市为例[D]．武汉：华中师范大学，2020.

[96] 彭琦凡．3~6岁幼儿科学探究的年龄特点及其引导[J]．学前教育研究，2010（12）：27-30.

［97］王慧娟．幼儿游戏中教师的角色［J］．文学教育（下），2018（8）：96.

［98］叶佳明，岳慧兰．基于国民体质监测数据的幼儿体质区域性研究［J］．教育观察，2020，9（3）：55-58.

［99］朱婷婷．幼儿园教学中趣味游戏的实践分析［J］．教育界，2022（25）：110-112.

［100］吴慧玲．幼儿园篮球活动的组织与实施［J］．学前教育研究，2019（11）：89-92.

［101］张娱．幼儿园球类活动课程游戏化设计浅谈［C］．新课程，2020（39）：79

［102］张晓晓．从《幼儿园教师专业标准（试行）》看幼儿教师角色定位［J］．幼儿教育研究，2016（1）：8-9，18.

［103］殷跃，何娟，陈晶，等．江苏省3～6岁幼儿体质健康水平分析［J］，中国学校卫生，2022，43（9）：1372-1375.

［104］董鹏．陈鹤琴幼儿体育思想研究［D］．南京：南京师范大学，2022.

［105］闵彬彬，龚园．幼儿篮球教学指导用书［M］．南京：河海大学出版社，2023.

［106］陈超．运动训练理论核心概念的界定及认知的深化［J］．文体用品与科技，2022（18）：151-152.

［107］周安．青少年篮球运动员心理训练的探索与实践［J］．体育世界（学术版），2017（10）：59，63.

［108］梁家侨，胡剑宏，罗薇．篮球训练中辅助器材的合理运用探究［J］．文体用品与科技，2023（16）：187-189.

［109］刘南希．幼儿体育游戏活动开展策略研究［J］．教育界，2023（24）：104-106.

［110］李波．把握四大特性，践行课程游戏化理念［J］．江西教育，2023（11）：9-10.

［111］吴黎钦．基于幼儿动作发展的幼儿户外体育游戏设计与实施探讨［J］．体育视野，2023（10）：113-115.

［112］胡琛琛．幼儿园户外游戏活动的价值、现状与组织策略［J］．家长，2020（3）：131-132.

［113］赵清华．幼儿学前教育中游戏活动的实施及指导策略分析［C］．北京：2023年第八届生活教育学术论坛，2023：578-580.

［114］任安萍．幼儿篮球教学中游戏化策略的应用［J］．拳击与格斗，2023（4）：96-98.

［115］王胜兰．幼儿园体育活动中大班幼儿心理品质培养策略［J］．科学咨询（教育

科研），2018（2）：49.

[116] 单丹，马中林．四维度探析幼儿篮球课程体系构建[J]．科技资讯，2021，19（18）：95-97.

[117] 王瑞元，苏全生．运动生理学[M]．北京：人民体育出版社，2012.

[118] EVE L. ESSA．儿童早期教育导论[M]．6版．马燕，马希武，译．北京：中国轻工业出版社，2012.

[119] 潘绍伟，于可红．学校体育学[M]．3版．北京：高等教育出版社，2015.

[120] 刘倩，林红．浅析幼儿体育游戏的组织与指导[J]．考试周刊，2014（81）：188.

[121] 何建．新课标背景下体育教学组织的探讨[J]．教育教学论坛，2012（36）：97-98.

[122] 张健忠，余绍森，丁莹莹．幼儿篮球游戏创编策略[J]．南北桥，2018（21）：203-205.

[123] 赵昶然．基于健康体适能幼儿体育活动的评价体系研究[J]．灌篮，2019（12）：243.

附录

附录一

幼儿篮球指导师资质认定要求及办法

一、资质条件

（一）基本条件

（1）中华人民共和国公民，年满18周岁，身体健康、品性优良、遵纪守法。

（2）热爱学前教育事业，具有职业理想，践行社会主义核心价值体系。关爱幼儿，尊重幼儿人格，富有爱心、责任心、耐心和细心，做幼儿健康成长的启蒙者和引路人。

（3）尊重幼儿权益，以幼儿为主体，充分调动和发挥幼儿的主体性；遵循幼儿身心发展特点和保教活动规律，提供适合的篮球活动，保障幼儿快乐健康成长。

（4）把学前教育理论与幼儿篮球活动实践相结合，突出幼儿篮球活动实践能力；研究并遵循幼儿成长规律，提升幼儿篮球活动的专业化水平；坚持实践、反思、再实践、再反思，不断提高专业能力。

（5）学习先进学前教育理论，了解国内外学前教育改革与发展的经验、做法；掌握现代篮球运动教学训练手段与方法，优化知识结构，提高文化素养；具有终身学习与持续发展的意识和能力，做终身学习的典范。

（二）学历、专业条件

有意从事幼儿篮球活动指导的人员，至少需具备以下学历、专业条件之一：

（1）具备幼儿师范学校毕业及其以上学历；

（2）具备体育教育专科及其以上学历；

（3）持有中国篮球协会或省、市篮协教练员证书等。

二、资质认定

幼儿篮球指导师资格认定，由笔试、面试两个部分的考核组成。

（一）笔试部分

笔试内容：

（1）学前教育专业理论基础；

（2）体育教育专业理论基础；

（3）篮球教学训练理论。

（二）面试部分

面试考试办法如下：

（1）幼儿篮球指导师资格申请者，通过笔试后，参加统一的面试。面试时，申请者按照幼儿篮球游戏、幼儿篮球教学、幼儿篮球训练三个不同方向，从题库中随机抽取面试题目。

（2）确定面试题目后，给予申请者相应准备时间（20分钟），完成面试准备。

（3）准备时间结束，申请者需现场提交幼儿篮球活动方案一份。

（4）以模拟上课的方式，清晰、完整地现场展示该幼儿篮球活动方案。

（5）专项答辩。

通过笔试、面试两个环节的考核，申请者可获得幼儿篮球指导师资质。

三、认定流程

（1）网络报名；

（2）报考条件审核；

（3）资质认定培训；

（4）笔试；

（5）面试；

（6）颁发资质证书。

附录二

南京市幼儿篮球各级指导师基本技术测评标准

一、篮球基本技术动作步骤与要求

（一）传接球技术动作步骤与要求

1. 持球动作

（1）双手持球手法：双手手指自然张开，拇指相对成"八"字形，用指根以上部位持球两侧后方。

（2）单手持球手法：手心空出，单手手指自然分开，指根以上部位托球，并将手心空出。

2. 传球动作：全身协调用力，通过手腕、手指发力完成动作。

（1）双手胸前传球：双手向前伸臂的同时，手腕向外翻转，两手拇指下压，食、中指拨球，传球后的手指对着传球方向，大拇指和手心向下，两虎口相对，球向后旋转。

（2）双手头上传球：双手举球于头上，两肘弯曲，前臂前摆，手腕前屈，通过手腕发力，食指、中指用力拨球，将球传出。远距离传球时，腿部略弯曲，蹬地，借助腰腹力量，前臂迅速前摆，手腕前屈，手指用力拨球，将球传出。

（3）单手肩上传球：左脚向传球方向迈出半步，同时将球引到右肩上方，左肩对着传球方向，肘关节外展，手腕稍向后仰，右手托球，右脚蹬地，转体，上臂随之向前摆，手腕前屈，食指、中指、无名指用力拨球，将球传出。

（4）单手体侧传球：传球时，右手持球后仰，经体侧向前做弧线摆动，手腕前屈，用食指、中指力量拨球，将球拨出。

（5）单手反弹传球：传球时，左手向右手推球，右手引球，同时右腿向右侧跨出，右前臂和手腕将球作用于地面，通过地面反弹到同伴手中。反弹点位于传球队员与接球队员之间距离 2/3 处。

传球要求落点准确、及时、合理到位。

（二）接球技术动作步骤与要求

1. 双手接球动作：两眼注视来球，双臂伸出迎球。手指自然分开，两拇指成"八"字形。手指伸向前方，形成一个半圆漏斗状。当手指接触球后，两臂随球后引，缓冲来球力量，握球收于胸腹间，保持身体平衡。

2. 单手接球动作：以右手为例，右脚向来球方向迈出，两眼注视来球，接球时手掌成勺形，手指自然分开，迎着来球的方向伸去，当手接触球时，手臂顺势将球向后下方引（向内拉回），左手立即握住球，双手持球握于胸腹间。保持基本持球要求。

（三）投篮技术动作步骤与要求

1. 投篮持球手法：两脚间距与肩同宽，投篮侧脚略靠前，膝关节略弯曲，重心略前倾，持球手五指自然张开，用指根以上部位接触球，掌心空出，球的重心落在食指、中指、无名指间。大拇指、小指控制球的平衡，肘关节自然下垂，置球于同侧肩的前上方。

2. 投篮瞄篮点：投篮时眼睛注视篮圈、篮板的某一点。

3. 投篮动作：通过下肢蹬地发力，手臂向球篮方向伸直，屈腕、手指拨球，将球投出。

4. 球的旋转：投篮出手时，通过手腕手指的发力，使球围绕横轴向后旋转。

5. 抛物线与入射角度：球离手后到达篮圈飞行过程中，形成一条运动轨迹，即抛物线，它对命中率影响较大。抛物线高低距离取决于投篮出手的角度与速度。

（四）运球技术动作步骤与要求

1. 运球身体姿势：两脚前后或左右开立，两膝微屈，上体稍前倾，抬头眼看前方，运球于身体一侧，非运球手屈臂平抬与地面保持平行，肘关节弯曲手心向下，用以保护球。运球时，五指自然伸展，用指根以上部位接触球，手心空出；按拍球时，应随球上下迎送，尽量延长控制球的时间，以控制球的反弹高度、速度和角度。低运球时以腕关节为轴，手臂做屈伸动作快速按拍球。高运球时以肩关节为轴用手按拍球。

2. 掌握好球的落点：球的落点在同侧脚的侧前方 20 厘米处，依运球方向、速度、防守者远近不同而不同。

二、幼儿篮球游戏活动指导师测评标准

（一）球性测评

原地绕球：头部、腰部、腿部、胯下、贴地"8"字，绕球各一次为一圈，完成 3 圈。

达标要求：①符合技评要求。②时间不限，连续完成 3 圈无失误即可。

（二）投篮测评

原地定点投篮：根据投篮技评要求，队员互相或对墙做投篮动作 5 次，球体抛物线最高点超过出手点 1 米以上。

达标要求：①符合技评要求。②3 次超过出手点 1 米以上。

（三）运球测评

原地单手高低运球：单手（右手）高运球 3 次，低运球 3 次，换左手高运球 3 次，低运球 3 次为一个循环。

达标要求：①符合技评要求。②60 秒内完成 5 个循环。

（四）传球测评

原地双手胸前传接球：测试者面对面间距 3 米站立，2 人 1 球，测试者 A 持球做好传球准备，测试者 B 做好接球准备，进行 30 秒原地双手胸前传接球。

达标要求：①符合技评要求。②30 秒内传接球 20 次及以上。③肘关节切勿外展。

备注：女性指导师测评中可使用 5 号篮球。

三、幼儿篮球教学活动指导师测评标准

（一）球性测评

1. 行进间绕球：头部、腰部、腿部、胯下、贴地"8"字，各绕球一次为一圈。

    达标要求：①符合技评要求。②从底线到三分圈顶折返 2 次不失误。

2. 行进间单手抛接球：单手抛球高于 2 米。

    达标要求：①符合技评要求。②左手 5 次，右手 5 次，不失误。

3. 行进间胯下"8"字绕球：前进后退各 4 次胯下绕球为一个循环。

    达标要求：①符合技评要求。②30 秒完成 2 个循环。

4. 行进间左右手体侧弧形拉球：左手换右手各一次作为一个循环。

    达标要求：①符合技评要求。②从底线到三分圈顶折返。30 秒往返 1 次。

5. 行进间双手手指拨球：双手持球在胸前，用手指拨球到头上，再到胸前。如此循环。

    达标要求：①符合技评要求。②从底线到三分圈顶折返。60 秒，球速快，手型准确，视野开阔，不失误。

（二）投篮测评

三点位定点投篮：在合理冲撞区线外，两侧 0°角和 90°角设定三个投篮点，1 分钟循环投篮，不允许打板。9 周岁及以下篮筐高度为 2.65 米，9 周岁以上为正常篮筐高度。

达标要求：①符合技评要求。②投中 4 个。

（三）运球测评

1. 原地单手高低运球：高运球、低运球各 3 次为一个循环。

    达标要求：①符合技评要求。②30 秒完成 5 个循环。

2. 原地单手体前左右拨拉球：体前左右拨拉球，左、右手各五次拨拉球为一个循环。

    达标要求：①符合技评要求。②30 秒完成 3 个循环。

3. 原地单手体侧前后推拉球：体侧前后推拉球，左右手各五次推拉为一个循环。

    达标要求：①符合技评要求。②40 秒完成 3 个循环。

（四）传球测试

1. 原地双手头上传接球：测试者面对面间距 3 米站立，2 人 1 球，测试者 A 持球做好传球准备，测试者 B 做好接球准备，面对面进行 30 秒原地双手头上传接球。

    达标要求：① 符合技评要求。②一分钟内传接球 20 次及以上。

2. 原地单手肩上传接球：测试者面对面间距 3 米站立，2 人 1 球，测试者 A 持球做好传球准备，测试者 B 做好接球准备，面对面进行 30 秒原地单手肩上传接球。

    达标要求：①符合技评要求。②一分钟内传接球 20 次及以上。

四、幼儿篮球运动训练指导师测评标准

（一）投篮测评

1. 五点位定点投篮：篮圈中心在地面投影点圆心，按 4.3 米为半径，分别在 0°角两侧、45°角两侧和 90°角（罚篮点）设定 5 个投篮点，进行五点位循环投篮（可打板）。

    达标要求：①符合技评要求。②1 分钟内投中 5 个。

2. 半场行进间左右手运球上篮：由篮球场底线中点出发开始计时，右手运球至左侧中线，急停并折返用左手运球上篮，未投中补篮一次。投篮后抢篮板，用左手运球至右侧中线，急停并折返用右手运球上篮，未投中补篮一次，投中或抢到篮板球停表。两次上篮需分别使用左右手，补篮左右手均可。

    达标要求：①符合技评要求。②20 秒内完成上篮（含补篮）整套动作，投中 2 个。

（二）运球测评

行进间体前胯下变方向运球：以前后场限制区边线与端线交点为界，将全场纵

向划分成半场，以后场限制区边线与端线交点为起始点，在半场按"之"字形至前场限制区边线与端线交点为末点。均等距离设置 4 个标志筒，起始点启动运球，分别以变向、胯下两种运球方式替换运球，按顺序运球至末点，然后从末点再以上述方式运球至起始点。

达标要求：①符合技评要求。②起始点开始右手运球，每变向一次必须换手运球，中间不能随意换手。每次变向距标志物 1 米。③30 秒内完成。

（三）传球测评

1. 行进间双手胸前传接球：测试者间距 4 米在底线位置面对面站立，2 人 1 球，测试者 A 持球做好传球准备，测试者 B 做好接球准备，哨响后，开始行进间双人双手胸前传球，从底线传球至中线，再从中线传球至底线。

达标要求：①符合技评要求。②20 秒内要完成整套动作。③传球者传球次数不少于 6 次。④中途不能失误违例。

2. 行进间单手体侧传接球：测试者间距 4 米在底线位置面对面站立，2 人 1 球，测试者 A 持球做好传球准备，测试者 B 做好接球准备，哨响后，开始行进间双人单手体侧传球，从底线传球至中线，再从中线传球至底线。

达标要求：①符合技评要求。②20 秒内要完成整套动作。③传球者传球次数不少于 6 次。④中途不能失误违例。

3. 行进间单手体侧反弹球：测试者间距 4 米在底线位置面对面站立，2 人 1 球，测试者 A 持球做好传球准备，测试者 B 做好接球准备，哨响后，开始行进间双人单手体侧反弹球，从底线传球至中线，再从中线传球至底线。

达标要求：①符合技评要求。②20 秒内要完成整套动作。③传球者传球次数不少于 6 次。④中途不能失误违例。

附录三

幼儿篮球体质测评标准（以南京市为例）

一、测评指标及目的

测评指标选取的是国民体质检测标准（幼儿部分）中的部分身体形态指标和身体素质指标，详见附表1。

附表1　幼儿篮球体质测评指标及目的

测评类别	测评指标	测评目的
身体形态	身高（厘米） 体重（千克）	人体骨骼纵向生长水平 人体发育程度和营养状况
身体素质	双脚连续跳（秒） 10米折返跑（秒） 网球掷远（米） 握力（千克） 立定跳远（厘米） 走平衡木（秒） 坐位体前屈（厘米） 单手拍球（个）	人体协调性和下肢肌肉力量 人体的灵敏素质 人体上肢和腰腹肌肉力量 人体上肢力量 人体爆发力 人体平衡能力 人体柔韧性 人体灵敏协调素质

（一）身体形态

1. 身高

身高是体质测试中反映身体形态的一项重要指标，反映了人体生长发育过程中骨骼发育状况及身体纵向发育水平，该指标对于评价体格特征和相对运动能力具有一定的价值和意义。3~6岁男女幼儿的身高和年龄增长呈正比关系，男幼儿身高均高于同龄组女幼儿的身高。幼儿之间身高个体差异受年龄增长影响较小。

2. 体重

体重指标既是反映人体骨骼、肌肉、皮下脂肪和内脏器官发育程度的整体指标，又间接地反映了人体的营养状况，是一项重要的形态指标。3~6岁男女幼儿的体重均呈现随年龄增长而增加的趋势，且各年龄段男幼儿体重均值大于女幼儿体重均值。各组男女幼儿体重不存在显著的性别差异（$p>0.05$）。幼儿体重个体差异性受年龄增长影响较小，各年龄组男幼儿体重标准差大于同龄女幼儿，同龄男幼儿之间的个体体重差异比女幼儿大。

（二）身体素质

1. 10 米折返跑

10 米折返跑主要是用来反映学龄前儿童速度能力和灵敏能力的指标，该指标成绩数值越小则成绩越好。3～6 岁男女幼儿 10 米折返跑成绩均随年龄增长而提高，并呈现出男女幼儿成绩差值随年龄增大逐渐缩小的趋势。男女幼儿折返跑成绩标准差在 3 岁时最大，6 岁时最小；各年龄组男幼儿标准差大于同龄组女幼儿；随年龄增长，同龄幼儿之间灵敏素质的差距缩小；同龄幼儿中男幼儿灵敏素质个体之间的差异比女幼儿要大。

2. 走平衡木

走平衡木主要测试学龄前儿童的平衡能力，其完成形式有前走、横走和未完成，男、女幼儿走平衡木成绩均随年龄增长而提高，但是各同龄组男女幼儿之间的成绩差异并不显著（$p>0.05$），3～6 岁阶段幼儿的平衡素质，女幼儿比男幼儿要强，但是平衡能力差异不大；男、女幼儿标准差大小与年龄增长呈负相关，随着年龄增长，同龄组幼儿之间的个体差异逐渐减小；各组同龄幼儿中男幼儿平衡能力个体差异均大于女幼儿之间的个体差异，这可能与幼儿基本动作能力的发展有关。

3. 双脚连续跳

双脚连续跳指标反映了幼儿下肢肌肉的连续爆发力和协调能力，用时越短则成绩越好。3～6 岁男女幼儿双脚连续跳成绩均随年龄增长而提高，女幼儿双脚连续跳成绩变化幅度大于男幼儿。男女幼儿双脚连续跳成绩的标准差随年龄增长呈现逐渐减小的趋势，随着年龄增长，个体之间的差异逐渐变小，协调能力趋于集中。

4. 立定跳远

立定跳远是反映学龄前儿童下肢肌肉运动时爆发力和弹跳力的一项指标，测试是指一次双腿并脚跳跃的距离，距离越大越好，每个幼儿进行两次试跳，取较好成绩。3～6 岁男女幼儿立定跳远成绩均值与年龄的增长呈正相关，男女幼儿成绩比较来看，男幼儿在各个年龄组的平均成绩优于同龄女幼儿，男女幼儿之间下肢爆发力量差异在慢慢增大。男幼儿立定跳远成绩增幅大于女幼儿。男女幼儿立定跳远成绩的标准差变化没有呈现出一定的规律性，虽然下肢肌肉爆发力随年龄增长而不断增强，但是个体之间的差异并没有因年龄增长而发生变化。

5. 网球掷远

网球掷远反映幼儿上肢爆发力、腰腹肌肉力量以及全身协调用力的能力。3～6

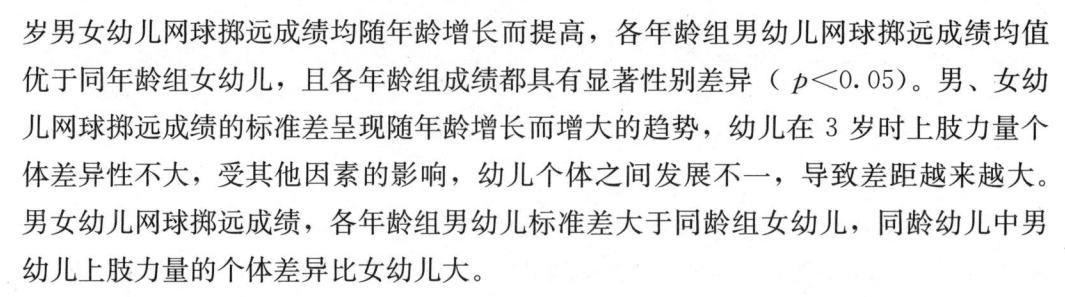

岁男女幼儿网球掷远成绩均随年龄增长而提高，各年龄组男幼儿网球掷远成绩均值优于同年龄组女幼儿，且各年龄组成绩都具有显著性别差异（$p<0.05$）。男、女幼儿网球掷远成绩的标准差呈现随年龄增长而增大的趋势，幼儿在 3 岁时上肢力量个体差异性不大，受其他因素的影响，幼儿个体之间发展不一，导致差距越来越大。男女幼儿网球掷远成绩，各年龄组男幼儿标准差大于同龄组女幼儿，同龄幼儿中男幼儿上肢力量的个体差异比女幼儿大。

6. 握力

握力是反映人体上肢力量发展水平的一项指标。3~6 岁男女幼儿握力成绩均随年龄增长而提高，男幼儿握力变化幅度大于女幼儿。男女幼儿握力成绩的标准差呈现随年龄增长先降低后增加的趋势，各年龄组男幼儿握力成绩标准差大于女幼儿，同龄幼儿中男幼儿上肢力量的个体差异性比女幼儿之间大。

7. 坐位体前屈

坐位体前屈是用以测试学龄前儿童躯干、腰部以及髋关节最大活动范围的指标，主要表现腰背部的柔韧性，数值越大则柔韧性越好，测试时进行两次，取最好成绩。3~6 岁男幼儿坐位体前屈成绩随年龄增长而逐渐下降，女幼儿成绩均优于男幼儿成绩，不同性别幼儿体前屈成绩差距随年龄增长而增大；从 3~6 岁儿体前屈成绩标准差的变化来看，男幼儿坐位体前屈成绩的标准差变化呈现增龄性增长变化，说明随着年龄增长同龄男幼儿之间的个体差异增大，而不同年龄之间女幼儿标准差变化没有明显规律，同龄女幼儿个体之间的差异受年龄影响较小。

8. 原地拍球

原地拍球是测量幼儿力量、灵敏及身体协调性的重要指标，测试形式为连续性拍球，数量越多说明幼儿的协调性越好，测试时进行两次，取最好成绩。3~6 岁幼儿原地拍球成绩随年龄增长，数量逐渐增加；各年龄组女幼儿原地拍球成绩均值优于同年龄组男幼儿，各年龄组男女幼儿成绩间并没有显著性差异。从 3~6 岁幼儿原地拍球成绩标准差的变化来看，原地拍球成绩的标准差较大，各年龄段幼儿之间的个体差异较大。各年龄组男幼儿标准差均大于同龄组女幼儿，同龄幼儿协调性的个体差异，男幼儿比女幼儿要大。

（三）各指标评价标准

指标评分和评价采用百分位数法，各指标及综合等级采用五级，分别为优秀、良好、中等合格、待促进。

1. 男幼儿各指标的参照标准

男幼儿各指标的参照标准详见附表 2 至附表 9。

附表 2　网球掷远评价参照标准　　　　　　　　　　　　　　　　单位：米

	待促进	合格	中等	良好	优秀
3 岁	<2.0	2.1~2.6	2.7~3.5	3.6~4.5	>=4.6
3.5 岁	<2.2	2.3~2.8	2.9~4.0	4.1~5.0	>=5.1
4 岁	<2.6	2.7~3.5	3.6~5.0	5.1~6.2	>=6.3
4.5 岁	<2.8	2.9~3.8	3.9~5.5	5.6~6.9	>=7.0
5 岁	<3.1	3.2~4.0	4.1~6.7	6.8~8.0	>=8.1
5.5 岁	<3.5	3.6~4.6	4.7~7.2	7.3~9.1	>=9.2
6 岁	<4.0	4.1~5.6	5.7~7.7	7.8~10	>=10.1
6.5 岁	<5.3	5.4~6.4	6.5~8.9	9.0~10.5	>=10.6

附表 3　立定跳远评价参照标准　　　　　　　　　　　　　　　　单位：厘米

	待促进	合格	中等	良好	优秀
3 岁	<34.0	34.1~45.0	45.1~73.0	73.1~80.0	>=80.1
3.5 岁	<45.4	45.5~52.0	52.1~80.0	80.1~90.4	>=90.5
4 岁	<56.6	56.7~65.0	65.1~87.0	87.1~98.6	>=98.7
4.5 岁	<61.2	61.3~67.3	67.4~90.0	90.1~100.7	>=100.8
5 岁	<70.0	70.1~80.0	80.1~100	100.1~112.8	>=112.9
5.5 岁	<72.8	72.9~82.0	82.1~103	103.1~115.3	>=115.4
6 岁	<84.2	84.3~90.0	90.1~115	115.1~122.1	>=122.2
6.5 岁	<86.6	86.7~103	103.1~119	119.1~125.2	>=125.3

附表 4　4×10 米折返跑评价参照标准　　　　　　　　　　　　　单位：秒

	待促进	合格	中等	良好	优秀
3 岁	>26.5	26.5~22.3	22.2~18.0	17.9~17.0	<=16.9
3.5 岁	>25.7	25.7~21.5	21.4~17.5	17.4~16.5	<=16.4
4 岁	>24.6	24.6~20.8	20.7~16.8	16.7~15.5	<=15.4
4.5 岁	>22.9	22.9~20.5	20.4~16.3	16.2~15.0	<=14.9
5 岁	>18.5	18.5~17.0	16.9~14.4	14.3~14.0	<=13.9
5.5 岁	>18.0	18.0~16.4	16.3~14.0	13.9~13.8	<=13.7
6 岁	>16.8	16.8~15.8	15.7~13.8	13.7~12.5	<=12.4
6.5 岁	>16.5	16.5~15.0	14.9~13.6	13.5~12.0	<=11.9

附表5 双脚连续跳评价参照标准　　　　　　　　　　单位：秒

	待促进	合格	中等	良好	优秀
3岁	>16.0	16.0~14.3	14.2~7.6	7.5~6.0	<=5.9
3.5岁	>14.0	14.0~12.0	11.9~6.5	6.4~5.7	<=5.6
4岁	>12.8	12.8~9.7	9.6~5.9	5.8~5.2	<=5.1
4.5岁	>10.7	10.7~9.5	9.4~5.7	5.6~5.0	<=4.9
5岁	>9.7	9.7~7.5	7.4~5.4	5.3~4.8	<=4.7
5.5岁	>8.7	8.7~6.8	6.7~5.0	4.9~4.6	<=4.5
6岁	>7.0	7.0~6.4	6.3~4.8	4.7~4.2	<=4.1
6.5岁	>6.5	6.5~6.0	5.9~4.5	4.4~4.0	<=3.9

附表6 走平衡木评价参照标准　　　　　　　　　　单位：秒

	待促进	合格	中等	良好	优秀
3岁	>43.1	43.1~29.4	29.3~12.2	12.1~8.1	<=8.0
3.5岁	>32.2	32.2~23.1	23.0~9.4	9.3~7.1	<=7.0
4岁	>23.4	23.4~18.4	18.3~8.6	8.5~6.6	<=6.5
4.5岁	>23.3	23.3~15.2	15.1~5.9	5.8~5.0	<=4.9
5岁	>22.0	22.0~15.0	14.9~5.4	5.3~4.0	<=3.9
5.5岁	>18.8	18.8~10.0	9.9~4.6	4.5~3.4	<=3.3
6岁	>12.3	12.3~7.8	7.7~4.2	4.1~3.0	<=2.9
6.5岁	>7.6	7.6~6.1	6.0~2.9	2.8~2.2	<=2.1

附表7 坐位体前屈评价参照标准　　　　　　　　　　单位：厘米

	待促进	合格	中等	良好	优秀
3岁	<6.1	6.2~9.8	9.9~12.9	13.0~16.2	>=16.2
3.5岁	<5.9	6.0~9.7	9.8~12.8	12.9~16.2	>=16.2
4岁	<5.7	5.8~9.7	9.8~12.7	12.8~16.2	>=16.2
4.5岁	<5.4	5.5~9.2	9.3~12.2	12.3~15.7	>=15.7
5岁	<4.7	4.8~8.8	8.9~12.2	12.3~15.7	>=15.7
5.5岁	<4.5	4.6~8.8	8.9~12.2	12.3~15.7	>=15.7
6岁	<4.4	4.5~8.3	8.4~11.7	11.8~15.7	>=15.7
6.5岁	<4.2	4.3~8.0	8.1~10.9	11.0~14.2	>=14.2

附表8　握力评价参照标准　　　　　　　　　　　　　　　　单位：千克

	待促进	合格	中等	良好	优秀
3岁	<2.8	2.8~3.6	3.6~4.4	4.4~5.2	>=5.2
3.5岁	<3.2	3.2~3.9	3.9~4.7	4.7~5.4	>=5.4
4岁	<4.0	4.0~4.4	4.4~4.9	4.9~5.7	>=5.7
4.5岁	<4.6	4.6~5.2	5.2~5.6	5.6~6.3	>=6.3
5岁	<5.4	5.4~5.7	5.7~6.2	6.2~7.2	>=7.2
5.5岁	<5.8	5.8~6.6	6.6~7.4	7.4~8.3	>=8.3
6岁	<6.7	6.7~7.5	7.5~8.4	8.4~9.2	>=9.2
6.5岁	<7.0	7.0~7.8	7.8~8.6	8.6~9.5	>=9.5

附表9　原地拍球评价参照标准　　　　　　　　　　　　　　单位：个

	待促进	合格	中等	良好	优秀
3岁	<9.0	9.0~13.0	13.0~26.0	26.0~35.0	>=35.0
3.5岁	<11.0	11.0~21.0	21.0~32.0	32.0~40.0	>=40.0
4岁	<14.0	14.0~23.0	23.0~35.0	35.0~45.0	>=45.0
4.5岁	<15.0	15.0~25.0	25.0~39.0	39.0~47.0	>=47.0
5岁	<19.0	19.0~28.0	28.0~40.0	40.0~50.0	>=50.0
5.5岁	<25.0	25.0~30.0	30.0~46.0	46.0~52.0	>=52.0
6岁	<30.0	30.0~40.0	40.0~49.0	49.0~54.0	>=54.0
6.5岁	<38.0	40.0~47.0	47.0~52.0	52.0~57.0	>=57.0

2. 女幼儿各指标评价参照标准

女幼儿各指标评价参照标准详见附表10至附表17。

附表10　网球掷远评价参照标准　　　　　　　　　　　　　单位：米

	待促进	合格	中等	良好	优秀
3岁	<1.3	1.4~1.7	1.8~2.8	2.9~3.3	>=3.4
3.5岁	<2.0	2.1~2.3	2.4~3.5	3.6~3.9	>=4
4岁	<2.4	2.5~2.8	2.9~4	4.1~5.4	>=5.5
4.5岁	<2.8	2.9~3.1	3.2~4.5	4.6~5.8	>=5.9
5岁	<3.2	3.3~3.7	3.8~5.8	5.9~7.3	>=7.4
5.5岁	<3.5	3.6~4.2	4.3~6.6	6.7~7.7	>=7.8

续表

	待促进	合格	中等	良好	优秀
6 岁	<4	4.1~4.5	4.6~7.1	7.2~7.8	>=7.9
6.5 岁	<4.5	4.6~5.1	5.2~8	8.1~9.8	>=9.9

附表 11　立定跳远评价参照标准　　　　　　　　单位：厘米

	待促进	合格	中等	良好	优秀
3 岁	<36.5	36.6~45	45.1~65	65.1~68.1	>=68.2
3.5 岁	<44.4	44.5~55	55.1~74	74.1~78	>=78.1
4 岁	<53	53.1~62	62.1~77.5	77.6~82.6	>=82.7
4.5 岁	<59.8	59.9~70	70.1~85.5	85.6~95.8	>=95.9
5 岁	<70	70.1~75	75.1~93	93.1~105	>=105.1
5.5 岁	<74	74.1~85.5	85.6~105.3	105.4~113	>=113.1
6 岁	<84.5	84.6~91.5	91.6~108.3	108.4~120	>=120.1
6.5 岁	<87.7	87.8~96.5	96.6~112.3	112.4~125	>=125.1

附表 12　4×10 米折返跑评价参照标准　　　　　　单位：秒

	待促进	合格	中等	良好	优秀
3 岁	>24.8	24.8~22.8	22.7~18.6	18.5~17.5	<=17.4
3.5 岁	>23.6	23.6~22.0	21.9~18.2	18.1~17.0	<=16.9
4 岁	>22.5	22.5~21.5	21.4~17.7	17.6~16.6	<=16.5
4.5 岁	>22.0	22.0~21.0	20.9~17.0	16.9~16.2	<=16.1
5 岁	>19.5	19.5~18.0	17.9~15.5	15.4~15.0	<=14.9
5.5 岁	>18.7	18.7~16.8	16.7~14.8	14.7~13.8	<=13.7
6 岁	>17.0	17.0~15.1	15~14	13.9~13	<=12.9
6.5 岁	>16.8	16.8~14.5	14.4~13.6	13.5~12.5	<=12.4

附表 13　双脚连续跳评价参照标准　　　　　　　单位：秒

	待促进	合格	中等	良好	优秀
3 岁	>17	17~14.6	14.5~8.6	8.5~6.3	<=6.2
3.5 岁	>15.4	15.4~10.7	10.6~6.6	6.5~5.7	<=5.6
4 岁	>13	13~10	9.9~6.7	6.6~6	<=5.9
4.5 岁	>11.1	11.1~7.6	7.5~5.6	5.5~5.2	<=5.1

续表

	待促进	合格	中等	良好	优秀
5岁	>10	10～6.5	6.4～5.2	5.1～4.7	<=4.6
5.5岁	>9	9～5.8	5.7～5	4.9～4.6	<=4.5
6岁	>7.5	7.5～5.8	5.7～4.9	4.8～4.7	<=4.6
6.5岁	>7	7～5.9	5.8～5.1	5～4.9	<=4.8

附表 14　走平衡木评价参照标准　　　　　　　　　　单位：秒

	待促进	合格	中等	良好	优秀
3岁	>35.3	35.3～27.5	27.4～12.8	12.7～9.2	<=9.1
3.5岁	>25.3	25.3～20	19.9～9.3	9.2～8	<=7.9
4岁	>32.1	32.1～21	20.9～9	8.9～7.2	<=7.1
4.5岁	>19.3	19.3～13.9	13.8～6.7	6.6～5.5	<=5.4
5岁	>15.3	15.3～10.3	10.2～5.5	5.4～4.5	<=4.4
5.5岁	>11.2	11.2～8.7	8.6～5	4.9～4	<=3.9
6岁	>10.2	10.2～5.5	5.4～4.1	4～3.4	<=3.3
6.5岁	>6.4	6.4～5.2	5.1～3.6	3.5～2.8	<=2.7

附表 15　坐位体前屈评价参照标准　　　　　　　　　单位：厘米

	待促进	合格	中等	良好	优秀
3岁	<7.5	7.6～11.2	11.3～14.2	14.3～17.2	>=17.2
3.5岁	<7.5	7.6～11.2	11.3～14.2	14.3～17.2	>=17.2
4岁	<7.2	7.3～11.2	11.3～14.2	14.3～17.2	>=17.2
4.5岁	<7.2	7.3～11.2	11.3～14.2	14.3～17.3	>=17.3
5岁	<6.7	6.8～10.9	11～14.4	14.5～17.9	>=17.9
5.5岁	<6.7	6.8～10.9	11～14.2	14.3～18	>=18
6岁	<6.6	6.7～10.8	10.9～14.2	14.3～18	>=18
6.5岁	<6.5	6.6～10.2	10.3～13.2	13.3～17.2	>=17.2

附表 16　握力评价参照标准　　　　　　　　　　　　单位：千克

	待促进	合格	中等	良好	优秀
3岁	<3.1	3.1～3.7	3.7～4.2	4.2～5.3	>=5.3
3.5岁	<3.6	3.6～4.1	4.1～4.5	4.5～5.6	>=5.6

续表

	待促进	合格	中等	良好	优秀
4 岁	<4.1	4.1~4.5	4.5~4.8	4.8~5.8	>=5.8
4.5 岁	<4.5	4.5~4.9	4..9~5.4	5.4~6.5	>=6.5
5 岁	<5.0	5.0~5.5	5.5~6.1	6.1~7.4	>=7.4
5.5 岁	<5.5	5.5~6.0	6.0~6.8	6.8~7.6	>=7.6
6 岁	<6.0	6.0~7.2	7.2~7.6	7.6~8.7	>=8.7
6.5 岁	<6.7	6.7~7.3	7.3~7.7	7.7~8.9	>=8.9

附表17 原地拍球评价参照标准　　　　单位：个

	待促进	合格	中等	良好	优秀
3 岁	<10.0	10.0~16.0	16.0~28.0	30.0~40.0	>=40.0
3.5 岁	<11.0	11.0~19.0	19.0~32.0	32.0~45.0	>=45.0
4 岁	<12.0	12.0~21.0	21.0~34.0	34.0~48.0	>=48.0
4.5 岁	<14.0	14.0~23.0	23.0~35.0	35.0~49.0	>=49.0
5 岁	<20.0	20.0~27.0	27.0~36.0	36.0~50.0	>=50.0
5.5 岁	<28.0	28.0~35.0	35.0~44.0	44.0~51.0	>=51.0
6 岁	<31.0	31.0~37.0	37.0~49.0	49.0~57.0	>=57.0
6.5 岁	<39.0	39.0~45.0	45.0~52.0	52.0~60.0	>=60.0